Así es el Amor

Así es el Amor

TONY HERNÁNDEZ

EDICIONES OCEÁNICAS
una división de Golden Dragonfly Press
Amherst

No les voy a decir, *Los quiero*.
Les digo, *Los amo*,
y que estoy muy agradecido de todos
y de una manera muy especial,
admiro y respeto su fiel y bella amistad.
Un fuerte abrazo y muchas,
muchas bendiciones.

Índice

Corazón Familiar

Corazón Espiritual

Corazón Patriótico

Introducción

Así es el amor. Una compilación de poemas, canciones, dichos, y circunstancias que como en toda familia, siempre con un afecto muy especial, recordamos algo o alguien que tiene un significado de una manera muy especial en nuestras vidas. Con ese pensamiento hago una observación de diferentes etapas del amor.

He decidido después de tantos años, compartir con amigos, familia, y público en general el poquito talento que Dios me regaló. Tengo la gran dicha de compartir mis ideas de este bello arte, la poesía.

Me he tomado la libertad de atreverme a comparar dos frases que usamos a diario con el propósito de decirle a una persona lo que significa para nosotros. He notado que muchas veces usamos la palabra *Te quiero* para decir lo que sentimos por esa persona. Puede ser un amigo cercano o un miembro de nuestra familia. Decir *Te quiero*, para mí expresa materialismo o sea, posesión, y no significa amor.

Si por este medio logro poner un poco de entendimiento, y logro que algunos comparen la diferencia entre las dos frases, entonces no perdí el tiempo y valió la pena.

Espero de todo corazón que disfruten este poemario tanto como lo disfruté yo escribiéndolo. Y como notarán en mis poemas y observaciones, no les voy a decir, *Los quiero*, eso es muy material. En cambio, les digo, *Los amo*, que disfruten este poemario y que Dios me los bendiga.

Dedicatoria

He tenido la inmensa y bella experiencia de conocer y compartir con lindas amistades y familia a través de los años. Con algunos solo he tenido correspondencia, mientras que con otros, he tenido esa gran oportunidad de estrechar su mano y darles un abrazo fuerte.

A todos les doy las gracias por su apoyo, comunicación y esa gran ayuda que me han brindado para que este proyecto se haga realidad y no un sueño. Unos más que otros, pero todos han aportado algo muy positivo. Me gustaría darle las gracias uno a uno y por nombre, pero nunca terminaría.

Corazón

Romántico

¿Qué es hacer el amor?

¿Qué es hacer el amor?
Una pregunta directa.
Se puede contestar con una palabra,
una frase,
o en forma de testamento.
Podríamos decir que es algo personal y privado.
O podríamos decir que es íntimo
y el más bello sentimiento.

La verdad,
todas están correctas,
pero no están completas.
Hacer el amor va mucho más lejos
de lo que imaginamos
y mucho más profundo
de lo que hacemos o pensamos.

Tal vez podríamos decir
que hacer el amor es algo único,
que hacer el amor es relajarse
porque ahí se entrega todo,
que es el acto más bello.

Yo en cambio digo que hacer el amor
no es un acto ni personal ni privado.
El amor más bello se demuestra
cuando se va caminando bajo la lluvia,
o en una tormenta de nieve,
o en un bello día soleado.
Se demuestra en la calle
y se demuestra en el mercado.
Que todo el mundo los vea,
con orgullo,
tomados de la mano.
Se demuestra en un lugar público

cuando entran a comer algo
y se mantienen unidos,
tomados de la mano,
abrazados.
No se sientan al cruzar de la mesa
para mirarse de frente.
Lo hacen lado a lado.

Miran el mismo menú,
se ríen,
y sin importar quien mira
toman agua del mismo vaso.
Se dan a probar los alimentos
de la misma cuchara que estén usando.
Y para que los miren y sean envidiados,
se ríen,
se mantienen hablando
y tomados de la mano.

¿Qué es hacer el amor?
Que cuando tienes un minuto en el trabajo,
se llaman para decirse
Te amo, te extraño.
Es cuando sin tener una razón
se sorprenden con un halago.
Con una flor,
con un beso,
con un *Te amo.*

Para hacer el amor
no tiene que ser una celebración
del tiempo que se conocen.
No tiene que ser su aniversario.
Hacer el amor es un proceso largo.
Cuando te levantas,
un *Buenos días mi amor,*
un abrazo,
un *Te amo.*

Hacer el amor es
preparar el desayuno juntos.
No importa cuan grande sea la cocina.
Cada vez que dan la vuelta,
se tropiezan por estar cerca.

¿Qué es hacer el amor?
Es un regalo de dos que se aman.
Lo más importante de hacer el amor,
no se hace en privado,
se hace en público.

Hacer el amor incluye
todas esas cosas tan lindas
que en público se comparten.
No es ser como dos extraños en la calle
y juntar sus cuerpos en la noche.
Hacer el amor comienza al levantarse,
dura todo el día
y juntan sus cuerpos en la noche.

Hacer el amor es un regalo de dos personas
con un solo cuerpo.
Es entregarlo todo sin reservas.
Es guardar honestidad y respeto.
Es saber que amas y que te aman,
es saber que no existe el fracaso ni el dolor,
es saber que mientras tengas vida,
eres feliz.

Eso es hacer el amor.
Porque *así es el amor*.

Como una gota de agua

Como una gota de agua en el desierto,
Así es el amor.

El amor que espera ansioso
calmar la sed que por dentro sentimos.
La sed de ver llegar esa persona
que llena todo el vacío en nuestra vida.
Ese amor que cura todas las heridas
que por dentro sufrimos.

Ese amor que es la última gota de agua en el desierto.
Ese amor que le abrimos la puerta cuando llega
y todo lo pasado queda en el olvido.
Ese amor que nos hace sentir que flotamos en el aire.
Que nos quita el dolor y comenzamos de nuevo.
Así es el verdadero amor.

Como se posa en la flor la mariposa
para disfrutar de su exquisito color,
así nos excitamos cuando llega el amor.
Nos sentimos tan empalagados
que queremos volar con entusiasmo.
Tal como un pajarito abre sus alas
para disfrutar su primer vuelo,
así queremos disfrutar y cuidar
de ese amor por entero.

Ese amor de alguien
que no sabíamos que existía,
mucho menos dónde estaba.
Y aún más, que un día nos encontrara.
Así conocemos la magia del amor
sin saber cómo, cuándo y dónde encontrarlo.
Sentimos el calor de sus manos.
Así es el amor cuando llega inesperado.

Perdemos el temor a la derrota
y luchamos con ese gran amor
tomados de la mano.
Siempre buscando estar juntos
para pasar el tiempo abrazados.

El amor es como esforzar un último suspiro
para tener un segundo más de vida.
Es sentirse feliz
siendo correspondido.
Es encontrar todo lo positivo
en todo lo negativo.
Es saber que el adiós no existe,
cuando se ama.
Es sentir en el frio el calor
de un corazón en llamas.
Así es el amor,
cuando es único,
cuando dos hacen uno,
cuando se ama.

A nadie esperaba

Yo no te estaba esperando
cuando llegaste.
Me había acostumbrado a la soledad.
Nada ni nadie llamaba mi atención.
Estar solo era mi estilo de vida.

A nadie nada le daba
y nadie nada me daba.

Mi tiempo y todo lo que fuera mío,
era mío.
Con nadie yo no quería compartir
nada.

Yo no te estaba buscando
cuando de la nada,
apareciste.
Cuando más mío me sentía,
cuando la soledad
menos me importaba.
Te vi llegar
y cruzamos la mirada.
No te quería conocer,
pero fuimos presentados.
Noté algo en tus ojos
y por primera vez,
me sentí embrujado.

Poco a poco
entraste en mi pensamiento.
Comencé a darme cuenta
que algo hermoso
me estaba sucediendo.
Me sentía tranquilo
en ti pensando.

Me sentía muy contento.
Aunque no quería conocerte,
te estaba conociendo.

Cuando llegaste
sin estar esperando,
sin estar buscando,
te apareciste de la nada,
Aunque no quería conocerte,
te conocí.
Yo no quería quererte
pero poco a poco,
entraste a mi corazón.

Yo no quería amarte,
pero llegaste
a lo más profundo de mí,
y ahora te amo
con todas las fuerzas de mi ser.

Por todo el amor que te tengo,
no quiero volver a querer
lo que una vez no quise.
Ahora te amo y quiero pasar
el resto de mi vida,
a tu lado.

Mi amor por ti

No tienes idea lo mucho que te amo.
Te amo tanto que pienso que el amor
no debe ser envidioso.
El amor nunca debe ser egoísta.
Si yo quiero ser feliz
tú también debes serlo.
Si el resto de mi vida
voy a estar a tu lado,
por ese amor que te tengo,
te voy hacer muy feliz
y dando gracias a Dios
por habernos encontrado.

Quiero que seas feliz.
Tal como para mí, lo deseo.
Si nuestro amor dura poco tiempo,
no es mi culpa ni es tu culpa.
Fue solo ese tiempo que Dios
nos tendrá destinado.
Pero no soy caprichoso,
no soy egoísta,
mucho menos envidioso.
Si has encontrado,
y crees que es tu amor soñado,
quiero y ruego a Dios
que seas feliz,
aunque no sea a mi lado.

Te amo tanto y quiero lo mejor para ti,
que quiero que seas feliz.
Que cuando te tomen la mano,
caminando,
sientas el calor de mis manos.

Que si te dan un abrazo,
sientas que te abrazan mis brazos.

No es para que me recuerdes,
es para que sepas,
lo mucho que te amo.

Te amo tanto que quiero que seas muy feliz.

Si te toman la mano caminando,
si te dan un abrazo,
y te dan un beso,
cuando te besen,
que sientas el calor
y la intensidad de mis labios.

Te amo tanto, que deseo que seas feliz.
Que cuando te amen,
sientas mi respirar
y sientas mi aliento.
Que acostada en tu cama,
no pienses en mí,
pero que sientas y extrañes mi cuerpo.
Esta es la única forma,
mi amor,
que sentirás que te aman,
solo un poquito,
de este gran amor
que yo tengo para ti.

Difícil encontrar el amor

Como buscar una aguja en un pajal,
así de difícil es encontrar el verdadero amor.
A veces pasamos toda una vida
con la persona equivocada.
Con esa persona comenzamos una familia.
Un día nos damos cuenta, a veces muy tarde,
que con esa persona no hemos hecho nada.
Los años han pasado,
y la familia nos aguanta.

No pensamos que el trabajo,
casa, familia, y amistades,
por cerca estén de nosotros,
tienen otras responsabilidades.
En cierto modo, llenan nuestras vidas.
Pero un día sentimos una inmensa soledad,
una tristeza, una herida.
La conciencia y la almohada
son los únicos testigos
de lo que nos pasa y lo que sentimos.

Todo lo tenemos y no tenemos nada.
Algo muy importante nos hace falta.
La familia y amistades tienen sus vidas,
lo tienen todo,
y tú no tienes nada.

Necesitas algo muy especial.
Un amor verdadero que llene tu vida.
Un amor que esté contigo todo el año.
Ese amor que te da apoyo,
comprensión, honestidad, y respeto.
Ese amor tan especial que con solo mirarte,
sabe que algo te pasa,
sabe que algo no está bien.

Ese amor que te brinda toda la seguridad
y felicidad de un amor puro.
Esa aguja en un pajal.
Ese amor puro,
para toda la vida.
Así es el amor.

Tu mundo

Si tu mundo un día a tus pies se derrumba.
Si por mucho camines a ningún sitio llegas.
Si estás decepcionada aún sin merecerlo,
y piensas que tu mundo está muerto,
no te dejes vencer.

Si en lugar de un aprecio,
cariño o un buen trato,
solo recibes indiferencia,
maltratos y alejamiento,
no pierdas la esperanza.

Si llegas a la orilla y el rio está crecido
y no puedes cruzarlo,
no pierdas la esperanza.

Si llegas al final del camino y por todos lados es un precipicio
y piensas que tu mundo al final se ha perdido,
no pierdas la esperanza.

Si de noche contemplas el cielo y todo es oscuridad
y no hay ni una sola estrella,
no pierdas la esperanza.

Si la luna se ha escondido y ha dejado de brillar,
no pierdas la esperanza.

Sin en la mañana al despertar
la luz del sol no entra por tu ventana,
no pierdas la esperanza.

Si al salir a la calle el viento sopla fuerte,
el tiempo es tormentoso y a cántaros llueve,
y piensas que tu mundo al final ya está muerto,
no pierdas la esperanza.

Mi mundo está vivo,
mi mundo está despierto.

Mi mundo te recibe con los brazos abiertos.
Porque mi mundo te ama
porque mi mundo es tu mundo,
porque puedes entrar a mi mundo,
porque mi mundo te ama,
porque mi mundo es bueno.

Así es que te amo

Cuando me acuesto a tu lado para descansar de noche,
mis brazos son tu almohada.
Cuando te siento ya dormida poco a poco con miedo de despertarte,
yo te acomodo en mi pecho.
Ahí te siento más segura,
más tranquila,
puedo abrazarte mejor y estás más protegida.

Solo quiero estar a tu lado cuando estás despierta.
Quiero sentir tu respirar en mi pecho desnudo,
si te quedas dormida.
Yo no quiero dormir.
Quiero sentir tus ronquidos,
sentir tu aliento cerca de mis labios.
Saber que estás protegida,
que eres feliz y que todo lo olvidas
mientras duermes tranquila.

Me siento muy feliz a tu lado compartiendo mi vida contigo.
Soy un hombre muy dichoso sabiendo que me amas y que te amo.
Que nada ni nadie lograrán separarnos.
Nuestro amor es eterno,
nuestro amor es por Dios bendecido.
Duerme tranquila mi amor,
no tengas miedo.
Mañana cuando despiertes yo te estaré abrazando.
Yo te daré un beso,
yo te diré *Te amo*,
nunca estarás sola mi amor.
Siempre estaré contigo,
siempre estarás en mis brazos.

Si tuviera el poder

He sido tan feliz a tu lado
que no podría vivir si no estás conmigo.
No podría tener conocimiento del tiempo,
si es de noche o de día.
No tendría el control para cuándo acostarme a dormir
o cuándo levantarme.
Mi vida completa gira por ti.
Por lo que eres,
porque me amas,
por todo lo que haces por mí,
sin pedirme nada.

Cada día que a tu lado paso
para mí son solo minutos.
Contigo el tiempo vuela.
Nunca es suficiente.
No importa lo que hagamos o donde vaya.
Es como quedar dormido en la noche,
abrir los ojos y ya es madrugada.
No quiero dormir cuando estamos juntos.
Si nos quedamos despiertos
la noche es larga.

Si yo tuviera el poder de retroceder el tiempo,
lo retrocedería justo al día que nos conocimos.
Y si pudiera detenerlo,
lo detendría justo al momento
cuando embriagados de amor nos dijimos
Te amo.

No te quiero, te amo

Me preguntas qué si te quiero.
No, No te quiero, Te amo.
Pero no quiero decirte que te amo.
No importa las veces que te lo diga,
nada significa, prefiero demostrarlo.

Déja que te tome la mano y camine contigo,
sin importar hacia donde vamos.
No tengamos miedo si los dos tomados de la mano
caminando, comienza a llover torrencialmente.
La lluvia es bendecida y Dios nos quiere bendecir
por lo mucho que nos amamos.

De la mano caminemos si el fuerte viento nos azota
y con él sentimos que volamos.
Es Dios que recompensa nuestro amor
por lo mucho que me amas y te amo.
Y juntos glorificamos a Dios
que nos permitió encontrarnos.

No tengamos miedo, mi amor,
si una tormenta de nieve nos atrasa el camino.
No estamos solos,
vamos tomados de la mano
y a paso lento seguimos caminando.
Dios delante de nosotros,
bendiciendo nuestro amor,
porque nos amamos,
y los dos a Dios amamos.

Yo no quiero decirte que te amo.
Podría decírtelo mil veces,
pero de nada vale
si no te lo he demostrado.
Decirte, *Te amo,*

es ver tu cara reflejarse en la luna
que de noche nos alumbra.
Decirte cuanto te amo,
es ver mi estrella reflejada en tus ojos.
aunque caliente y brillante,
el sol nos esté alumbrando.
Decirte cuanto te amo,
es ver sonreír tus labios
en cada uno de sus rayos.

Decirte cuanto te amo
es verte siempre reír.
Es saber que cuando llores no llores de tristeza,
si no que sea de alegría.
Es poner una flor en tu cabello,
es darte un abrazo, un beso,
sin que lo estés esperando.
Decirte cuanto te amo,
es despertar a tu lado,
es dejarte ahí dormida y cuando despiertes,
darte un cafecito en la mano.
Es darte los buenos días
y acurrucarme a tu lado.

Yo no quiero decirte, *Te amo.*
Para que no tengas dudas
y te sientas siempre feliz y segura
de estar a mi lado.
No te lo quiero decir,
prefiero demostrártelo.
No tiene que ser tu cumpleaños
para darte una rosa
o una sonrisa.
No tiene que ser nuestro aniversario
para darte un abrazo,
un beso o acariciar tu pelo.
Con esto mi amor, solo con esto,
todo te lo estoy asegurando.

Te amo mi amor, Te amo.

No me preguntes si te quiero

Querer y amar no es lo mismo.
No me preguntes y no esperes que te quiera.
No.
No te quiero querer,
todos queremos.
Me quiero comprar esto o me quiero comprar aquello.
Quiero comprarme un carro para irme de paseo.
Quiero una casa nueva o quiero un nuevo empleo.
Quiero unas vacaciones en Europa o Las Vegas.
Ya estoy muy deprimido.
Quiero dormir tranquilo.
Ah, mañana es Sábado,
que nadie me moleste,
manténganse alejados,
porque quiero dormir profundamente,
hasta que salga el sol y se esconda la luna.
Eso es lo que quiero,
dormir tranquilo.
Y eso es lo que todos queremos.
Porque somos humanos y eso de querer no nos cuesta,
ni un solo centavo.

No esperes ni me preguntes si te quiero.
No, no te quiero.
Espera que te ame.
Porque yo sí, te amo.
Y si compro ese carro para irnos de paseo,
tú estarás a mi lado.
Y si estamos en Europa o estamos en Las Vegas,
si es una casa nueva o tengo un nuevo empleo,
cuando yo llegue de noche,
tú me recibirás abriendo la puerta,
y yo te daré un beso y te daré un abrazo,
y te diré,
Te amo.

Mi amor,
mañana es Sábado.
Nos acostamos tarde,
vemos una película o nos acostamos temprano.
Se hará lo que tú digas.
Podríamos dormir hasta que salga el sol y se esconda la luna.
Nadie nos va a molestar.
Tú, dormirás en mis brazos.
Yo, dormiré en los tuyos.
Oiré tu respirar cerquita de mi pecho,
escucharé tus ronquidos,
te abrazaré muy fuerte y te diré,
Te amo,
te arropará mi cuerpo,
tú en mis brazos,
yo en los tuyos,
y dormidos nos quedamos.

Por la mañana al despertar,
aún juntos abrazados,
hacemos el amor,
claro mi vida, eso es cosa de humanos.
Esa es tu manera de apreciar como soy contigo,
y mi manera de agradecer como eres conmigo.

No me preguntes mi amor si te quiero.
No.
No te quiero.
Eso es muy material.
Yo te amo, mi amor.
Yo te amo.
Te amo.

Desnudos

Estar desnudo.
Algunos pensamos que estar sin ropa con nuestra pareja
es estar desnudo.
Algunos tenemos la costumbre de pensar así.
La verdad es otra.
Aunque estemos como venimos al mundo,
no estamos desnudos.
Es cuando más nuestro cuerpo cubrimos,
porque hay algo que le tememos.
Ese algo nos destruye tanto por fuera como por dentro.
Estar desnudo con tu pareja,
es un proceso.

La desnudez total requiere cuatro pasos.

Una confianza total.
Lo que te dice tu pareja,
para ti es algo muy sagrado.

Una comunicación,
expresando lo que sientes,
lo que eres,
pero más importante,
escuchando.

Un respeto mutuo y honesto.
Pero mucho más aún,
conocimiento.

Conocer tu pareja tanto por fuera,
como por dentro.

No le digas,
Yo te quiero,
dile mejor,
Yo te amo,
compartiendo sentimientos.

Eso es estar desnudo.

Que tu pareja conozca
tus más íntimos secretos,
qué te da felicidad,
qué te pone triste,
para qué eres valiente,
a qué le temes.
Qué te hace sonreír o reír a carcajadas,
que note tu tristeza solo con la mirada,
que si te ve en silencio conozca lo que te pasa,
sin decir una palabra.
Que sepa qué es lo que tienes,
y con mucho respeto y apoyo,
te escuche,
te brinde,
su confianza.
Eso es estar desnudo.

Que si están juntos o separados,
uno sabe donde el otro está,
y saben cuanto se aman.
Tú sabes que ella piensa en ti,
ella sabe que tú la extrañas.
Con ansiedad esperan estar juntos de nuevo,
darse un abrazo, un beso,
y tomados de la mano,
caminan juntos,
muy feliz, riendo a carcajadas.
Eso es estar desnudo.

Que con solo estar cerca de ti,
pueda contar los latidos de tu corazón,

sin fallar uno.
Que con solo estar en tus brazos
pueda detener tus lágrimas,
saber que necesitas un abrazo,
un beso,
un *Te amo*.
Un conocimiento total,
por dentro y por fuera,
sin decir una palabra.
Eso es estar desnudo.

Si yo por suerte, fuera el único hombre de este planeta
y teniendo la suerte para escoger entre billones de mujeres
para que sea mi pareja,
sabes algo, mi amor, siempre
te volvería a escoger a ti.

Sabes por qué, mi amor,
para ti no tengo secretos.
Tú para mí,
lo eres todo.
Yo para ti
soy tu mundo,
tu vida,
tu todo.
Para nuestro amor nada está escondido.
Tú sabes lo que soy y lo que siento.
Sabes todo de mí.
Sabes de dónde vengo y hacia dónde voy.
Yo siempre estaré contigo.
Conoces todo de mí.
Yo conozco todo de ti.
Con solo una mirada sabes como me siento.
Sabes lo que pienso.
Somos dos almas gemelas
juntando nuestros destinos.
Es tan honesto y real
este amor que nos tenemos,

que por el resto de la vida caminaremos,
por el mismo camino juntos sonriendo.

Yo a tu lado me siento totalmente completo.
Tú a mi lado te sientes totalmente completa.
Nos amamos tal y como somos.
No hay secretos.
Somos una sola persona,
somos un solo cerebro.
Este amor es tan único,
que somos un solo cuerpo.
Tú me miras,
yo te miro,
y sabemos lo que queremos.
Eso es estar desnudo.

Tu mundo y mí mundo

Siento la magia de tus manos en mis manos,
aunque no estés conmigo
para tomarte las manos
en nuestro largo caminar por este mundo.

Veo magia en tus ojos,
aunque no estés frente a mí para mirarlos.
Siento mis labios secos porque no estás aquí
para sentir tu aliento.
Si te tuviera cerca sentiría la magia de tu cuerpo
porque no estás conmigo para amarte,
cuidarte,
protegerte.

Siento mi vida toda incompleta
porque no estás conmigo.
Porque tienes otro mundo.
Y amándote tanto,
como te amo,
mi mundo, vida mía,
solo puede girar,
si es al lado del tuyo.
Te amo.

¿Por qué tardaste tanto?

¿Por qué tardaste tanto en llegar a mi vida
si por muchos años te estuve esperando?
Soy muy afortunado desde aquel día
que nos encontramos.
Solo bastó una mirada,
una sonrisa,
para darnos cuenta que nuestro amor
estaba destinado.

En ese mismo momento
no sentí la soledad que me agobiaba.
Y por lo que ahora me doy cuenta,
en la misma situación,
tú también estabas.
Fue tan inmenso el impacto de nuestro amor,
que al instante de habernos conocido,
éramos tú y yo,
inseparables.
Todos se daban cuenta que compartíamos
ese mismo sentimiento,
los mismos gustos,
los mismos detalles.

Llegamos a nuestras vidas sin llamarnos.
Cruzamos nuestro camino sin buscarnos.
Yo no sé dónde estaba ni sé hacia dónde iba.
Tu mirada penetró en mí.
Mi sonrisa penetró en ti.
Se nos ha hecho muy fácil andar tomados de la mano,
reírnos a carcajadas,
siempre juntos abrazados.

Cuando no estoy contigo ya ni me siento solo.
No importa dónde te encuentres,
estés sola o en una multitud,

sé que estamos juntos en la mente.
Mi vida entera cambió en cuestión de un momento
no sé de soledad ni de tristeza,
no existe ya la melancolía.

Eres mi amor,
todo lo que me faltaba
para llenar mi vida de alegría.
Eres mi amor,
la clase de mujer que todo hombre,
quisiera tener a su lado.
Y me cuentas que eres la envidia
de las mujeres que te han conocido,
que te han visto llorar,
que te han visto sola.
Deja entonces que te diga
lo que eres para mí.
Si el sol brillara de noche
y la luna brillara de día,
yo no sabría distinguir la diferencia.
No puedo ver nada de cerca
mucho menos ver de lejos.
Yo solo puedo sentir tu respirar,
cerca de mi pecho.
Yo solo puedo sentir tu aliento.
Yo solo puedo escuchar tu voz,
para todo lo demás,
estoy sordo,
estoy mudo,
y estoy ciego.

Ángel del amor

No sé de qué manera puedo decir
que te amo.
De principio a fin,
busqué en el diccionario.
Y aún después de terminar,
vuelvo a empezar,
buscando una palabra que con certeza,
pueda describir mi sentimiento.

Encontré esta frase,
amor extraordinario,
en otro lado leí,
amor incomparable.
Pero, ¿qué quiere decir?
Necesito alguien que me explique.
Y buscando y buscando estaba tan deprimido,
se me cerraron los ojos y me quedé dormido.

No sé si era sueño o realidad,
pero vi que mi ventana lentamente abría,
vi como un ángel entró por mi ventana,
me tomó la mano y me llevó a un paraíso.
Allí comenzó a hablarme.
Luego sentí sus labios,
su respirar,
y me dijo al oído,
Te estás rompiendo la cabeza por algo tan simple.
¿Quieres que ella sepa cuánto la amas?
Tómale la mano y mírala profundamente,
que ella sienta tus labios sin besarla,
que sienta el calor de tu presencia y el aroma de tu cuerpo,
aún cuando esté dormida,
que el perfume de tu piel la acompañe en su cama,
y que cuando despierte,

en su mente oiga tu voz,
diciéndole que la amas.

Más confundido y hasta molesto pregunté,
¿Si no estoy a su lado, cómo va a escuchar que la amo?
¿Cómo se lo voy a decir?

El ángel sonrió y me dijo,
Sin decirle una palabra hazla dichosa.
Así ella sabrá cuanto la amas.

Más confundido y hasta con coraje pregunté,
¿Sin decirle una palabra, cómo es eso posible?
Quiero que sepa cuanto la amo.
El ángel volvió a sonreír.

Palabras son palabras.
El acto es lo que cuenta.
¿Quieres que sepa cuánto la amas?
¡Demuéstraselo!
Y salió por la ventana.
Desperté, era ya la madrugada.
Sentí frio, pero sonreí feliz.
Completamente abierta,
estaba mi ventana.

El amor no tiene culpa

Tú no tienes la culpa que un día sin esperarlo
me cruzara en tu camino.
Pero tampoco es mi culpa que cruzaras la calle
y te encontraras conmigo.
Échale la culpa al viento
que fue quien voló la rosa de tu cabello
y por eso cruzaste la calle para recogerla y ponértela de nuevo.

Yo en cambio culpo la lluvia
que por estarme cubriendo
cuando noté tu presencia ya era muy tarde,
nuestros ojos se unieron,
en una mirada profunda,
y nuestros labios sonrieron.
Y ahí tú estabas y ahí yo estaba,
bajo la lluvia y el viento.

Tú te miraste en mis ojos
y yo me miré en los tuyos.
De dónde sacaste fuerzas,
todavia no lo comprendo.
De donde saqué yo fuerzas,
mucho menos valentía,
para recoger la rosa y colocarla en tu cabello,
fue un impulso que no entiendo.
Y mucho menos comprendo
de dónde saqué el valor
para tomarte la mano.
Y tú sin decirme nada,
como si me conocieras de años,
también tomaste la mía.

Y nos fuimos caminando
sin tener rumbo fijo,
eso ya no importaba.

Los dos tomados de la mano
y como locos riendo.
El viento seguía soplando muy fuerte,
la lluvia seguía cayendo.
Empapados,
pero juntos abrazados,
seguíamos caminando.
El amor tocó a la puerta.
Tú le abriste,
yo le abrí,
y sin darnos cuenta,
nuestros labios se juntaron.

Pasó el viento,
se fue la lluvia,
vino la calma,
y con ella la armonía.
Ahora me amas y te amo.
Bendecimos el viento que voló tu rosa,
bendecimos la lluvia,
bendecimos nuestro amor con alegría,
cuanto tiempo ha pasado desde aquel día,
no lo recuerdo mi amor,
Dios bendiga nuestro amor,
para toda la vida.

No se pinta el amor

Has pintado tantas cosas muy hermosas.
Paisajes de montañas,
con el sol asomándose detrás de la montaña,
o saliendo la luna con las estrellas.

Has pintado el espacio con muchas nubes anunciando la lluvia
y lo has pintado de noche alumbrado por la luna.
Has pintado los arboles perdiendo sus hojas
por el fuerte frio del invierno.
Y lo has pintado floreciendo en primavera,
fuerte y lleno de hojas en el verano.

Has pintado tormentas de nieve cayendo.
Has pintado un bello camino con dos amores tomados de mano,
muy enamorados y su amor disfrutando.

Tu mente corre y con tu pincel pintas un bello tono imaginario.
Te he visto pintar niños jugando,
pintar un jardín de flores,
el río crecido,
o una bella quebrada bañando la montaña.

Admiro todo lo bello que pintas que por tu mente corre.
Pero no todo lo que te imaginas podrías pintarlo.
Podrás imaginarte lo que soy,
podrás imaginarte de dónde vengo,
o adónde voy.
Podrás imaginarte todo lo que siento,
pero solo podrás imaginarlo.
Ni tú ni tu mágico pincel
nunca podrían pintar este gran amor
que yo te tengo.

Corazón
Roto

Si nunca te ha pasado

Si nunca has tenido el corazón herido,
si nunca has abrazado tu almohada
y la has bañado con tus lágrimas,
si nunca has visto el sol entrar por tu ventana
sin haber dormido nada,
todavia no sabes lo que es
el amor.

Despedida

Me voy.
No sé si un día regrese.
No sé si un día voy a saber de ti,
no sé si vuelvo a verte
o el dolor de tu ausencia
me duela para siempre.

Yo sé que te amé.
Te amé con toda mi alma.
No sé si tú me amaste,
no sé si aún me amas.

No sé si el dolor de no tenerte
martiriza tus noches y perturba tus sueños.
Yo sé que a mí me pasa.
No me voy a la cama hasta que me vence el sueño,
pero cierro los ojos y te veo sonriendo.

Busco tus manos,
tu boca,
busco tu cuerpo.
Y me quedo dormido
amándote en mi mente
y soñando contigo.

No te equivoques

No te equivoques.
No quiero verte,
ya no me importas.
Estaba desprevenido y sin darme cuenta
doblé por la calle donde vives.
Me viste pasar,
estabas regando tus flores y sonreíste.
No te equivoques,
nada quiero contigo.
Tienes que comprender que me siento muy feliz
sin tu cariño.

No te equivoques.
Si anoche te llamé,
fue por error.
No fue mi intención marcar tu número.
No te equivoques,
no quiero nada saber de ti.
Si estás bien o si estás mal,
ya no me importas.
Si pasé por donde estabas no fue mi culpa.
Me crucé en tu camino sin pensarlo,
no te equivoques,
hago todo lo posible por evitarlo.

Ayer paseabas por el parque.
Que culpa tengo yo que al mismo tiempo,
también yo caminaba el mismo parque.
Por la tarde fuiste de compras,
y me viste en el mercado.
No te equivoques,
yo también necesitaba comprar algo.
No te equivoques.
Ya no te amo.

Vivo mi vida muy feliz
si no estás a mi lado.

Si a veces grito tu nombre,
qué tiene eso de raro.
Si estamos en la misma ciudad,
tú en un lado,
yo en otro lado.
¿Por qué te sorprende y dices
que todavia te amo?
No te equivoques,
sin ti yo estoy tranquilo.
Tu foto está todavia donde mismo la dejaste.
Ahí la pienso dejar.
No me molesta,
soy feliz sin ti
a mi lado.

Tu foto

Con el corazón herido y mis ojos bañados en lágrimas
tu foto estrellé en el suelo.
Mil pedazos de vidrios por mi cuarto volaron.
Y con inmensa rabia iba a pisotearlos.
Sentía odio por tu amor
y mucho dolor en mi corazón herido.
Quise gritar tantas cosas.
Sacarte de mi vida.
Gritar que no me importaba
si estabas muerta o estabas viva.

Sentí mucho rencor.
No podía creer que nuestro amor muriera.
No podía entender por qué fuiste cobarde.
¿Por qué fuiste tan débil?
¿Por qué me abandonaste?
¿Qué fuiste a buscar en otro lado
que fuera tan importante?

Iba a pisotearte.
Tirarte a la basura.
Y de una vez por todas
de mi vida sacarte.
Pero algo me detuvo.
Tus ojos me miraban.
Tus labios sonreían.
Con mano ensangrentada y temblorosa,
recogí tu foto del suelo.
Y sin poder contener mi llanto,
besé tus labios,
besé tus ojos,
y en un grito profundo grité,
¡*Vuelve mi amor, Te amo!*

Mi amiga Luna

La noche estaba tan fría y oscura
que sentí miedo por ti.
¿Dónde estarás? ¿Por dónde andas?
Sentí un miedo horrible que algo te pasara.
Terror porque yo no estaba contigo,
si por alguna razón me necesitabas.

Miré al cielo.
Mi amiga Luna sonreía y me miraba.
Le esforcé una sonrisa,
y le pedí que alumbrara tu noche y tu camino,
que te acompañara.
Cuídala amiga Luna,
donde quiera que vaya,
que nada le suceda,
porque yo la amo,
quiero que esté conmigo,
me hace mucha falta.

La luna me miró,
ya su sonrisa no estaba.
Lamento decirte buen amigo mío,
y comenzó a llover.
Eran sus lágrimas.
Con voz entrecortada me dijo,
Yo sé cuanto la amas.
Pero no temas amigo,
no le pasará nada.
Está bien protegida,
pero no por mi luz.
Aunque esto te duela,
no está sola.
Está acompañada.

Sentí la lluvia caer sobre mi cuerpo.
Con mi amiga Luna,
los dos lloramos.
Una nube la fue cubriendo.
Allí me quede solo.
Sin mi gran amor,
sin mi amiga Luna.
Sin nada.

Vivir sin ti

Caminando con mis manos vacías y mi frente alta,
hacia una petición mirando al cielo.
Me tomó por sorpresa,
un saludo, un abrazo.
¡Que alegría verte!
¿Cómo estás?
¿Cómo te ha ido?
y…¿Dónde está ella?

Titubeé.
Lágrimas frías bajaron por mi rostro.
No sabía que decirles.
Les digo que ya no me ama,
No, no puedo.
Ellos sabían lo mucho que me amaba.
Ellos sabían que su vida y mi vida,
era una.
Siempre juntos.

Sabían que nuestra vida estaba llena
de amor y de esperanza.
Siempre tomada de mi mano cuando caminábamos.
No sabía que contestar.
No podía decirles que ya no me amabas.

Con los ojos llenos de lágrimas contesté.
Ahora siempre voy a estar solo.
Dios necesitaba un ángel que lo ayudara.
En ella encontró el ángel más bello y más bondadoso.
El ángel más humilde y más alegre.
El ángel más trabajador de todos.
Ahora por siempre estaré solo.
Hasta que Dios me permita llegar donde está ella.

Donde ella con el mismo amor que me tenía,
me espera.
Para volver a juntar nuestras manos,
y por la eternidad,
seguir amándonos.

Poema para un amor fracasado

Si pudiera regresar de nuevo a aquel día,
el último día que nos vimos.
Ultimo día que marcó para siempre nuestro destino.
Día que a pesar de besarnos y abrazarnos,
día que los dos lloramos,
día que me dijiste *Te amo*,
día que seguiste tu vida sin mí,
día que yo seguí mi vida, sin ti,
aún amándote tanto.

Si pudiera regresar a aquel día,
lo haría diferente.
Mirándote llorar incontrolable,
abrazada a mí,
me decías, *te amo*.
No sé como permití que te fueras,
si yo también te decía que te amaba,
también llorando.
Nuestro amor no estaba muerto.
Estaba herido.
Herido por los celos y la envidia,
y no supimos superarlo.

Nuestro amor estaba herido por mentiras
que no eran tuyas ni eran mías.
Te contaron cosas de mí
que no eran ciertas.
Fuimos bastante cobardes
para luchar por nuestro amor
y lo perdimos.
Si pudiera volver a aquel día,
te tomaría la mano y caminaríamos juntos
hasta el fin de la vida,
y pediría a Dios que nos acompañe
en nuestro camino.

Si pudiera volver,
nadie podría apartarnos
ni un segundo,
te lo prometo,
mi vida.

Mi recuerdo

Si tal vez un día, por alguna razón me recuerdas,
tal vez lees uno de mis poemas
o encuentras una de mis cartas,
o tal vez un mensaje de los que por las noches te enviaba,
o tal vez escuchas una canción de tantas que yo te dedicara.

Tal vez un día te encuentras con alguien que me conoce
y sabía lo mucho que te amaba.
Tal vez al verte sola,
sin tus manos en mis manos
y sin una sonrisa en tus labios.
Tal vez vayas caminando con mirada triste y profunda,
o tal vez de tus ojos tristes, una lágrima brote.

Tal vez te pregunten,
por qué estás sola,
tú eras todo en vida,
y él te amaba tanto.
Tal vez un día me recuerdes.
Tal vez en los brazos de otro.
Tal vez estés sola.
Tal vez una noche despiertes y conmigo soñabas.
Tal vez abrazando y bañando con tus lágrimas la almohada.

Tal vez un día por alguna razón,
estoy en tu mente
y en lo más profundo de tu corazón.

Tu recuerdo

Aunque ya no vuelva a verte,
quiero que sepas que te amo.
Si nuestro amor no fue posible,
no fue tu culpa ni la mía.
Fue la culpa del destino.
Nos permitió conocernos
aún estando en diferentes caminos.

Aunque no estás a mi lado,
el recuerdo de tu mirada,
alumbra mi noche oscura.
Yo no sé si a ti te pasa lo mismo,
pero con solo pensar que compartimos
el mismo mundo,
ya no me siento solo.
Tu noche se pone oscura al mismo tiempo que la mía.
Tu día se pone claro al mismo tiempo que el mío.
Y a pesar de la distancia,
tú estás ahí donde yo estoy.

La alegría de tu sonrisa,
pone una sonrisa en mis labios
y me hace sentir feliz.
El melódico sonido de tu voz en mis oídos
hace mi corazón cantar de alegría,
solo con haberte conocido.

Fuiste cobarde

Esperando tu regreso me consumo.
No sé si ya podré sobrevivir.
El dolor de tu partida aquella noche,
destrozó toda mi vida,
destrozó todos mis sueños,
destrozó lo poquito que había en mí.

Yo perdono la decisión de tu partida.
Lo hiciste sin pensar, fuiste cobarde.
Yo luché mucho por tu amor
y tú lo sabes.

Una vez salí corriendo hasta encontrarte.
Estuve cerca de ti pero me faltó valor
para gritar lo mucho que te amaba
y a que a mis brazos volvieras,
que mi vida sin ti,
ya no era nada.

El tiempo y la distancia
curan las heridas.
Poco a poco me fui curando
de tu amor perdido.
Un día caminando,
volviste a mi mente,
y quedé sorprendido.
Ya me olvidé de ti,
ya nada siento.
Pasaste frente a mí.
Y para estar seguro,
te seguí en la distancia,
y no sentí nada.

Dos cosas pasaron por mi mente.
Mirándote caminar,
veo que no has cambiado nada.
Y lo otro que noté,
que estaba sonriendo,
que me sentía tranquilo.
Que verte, ya no me molestaba.
Noté, que aún si estabas acompañada,
yo era feliz.
No sentí nada.

Te vi partir

Te vi partir y no tuve el valor para decirte,
Yo te amo, no te vayas.

Luego salí a buscarte,
pasé por donde estabas,
y no tuve el valor de tocar a tu puerta,
mucho menos gritar que te amaba.
Con un nudo en la garganta,
regresé a mi casa.

Eso es lo mucho que te amé.
Te amé con amor sincero y con locura.
Te amé de tal manera que eras la única mujer en el mundo.
Te amé sin reservas.
Eras tú y solo tú que para mí existía.
No sé y no lo entiendo qué pudiste ver en otros brazos,
que yo con amor sincero,
no te diera.

Te vi partir aquella noche,
era una noche fría.
Yo tenía mucho dolor
y miedo de perderte.
Pero nada podía hacer yo.
Ya lo habías decidido.
Aunque me vieras llorar,
te ibas.

Sentí un sabor amargo en mis labios.
Cuando te fuiste, sentí frio.
El sabor amargo eran mis lágrimas
deslizando por mi rostro y cayendo en mis labios.
El frio que sentí era soledad y tristeza.

Quise desearte lo peor para que sufrieras.
Pero el amor perdona,
y yo te amaba tanto que le pedí a Dios
que te acompañara,
que te cuidara,
que estuviera siempre contigo,
que no te abandonara,
que fueras muy feliz
y que nunca lloraras.

Te vi partir aquella noche y no pude dormir.
Tomé tu almohada y la apreté en mis brazos.
Con ella dormí abrazado.
No sé cuanto tiempo pasó,
pensando en ti, llorando.
Pero Dios es tan bueno,
que aunque han pasado años,
a veces te recuerdo,
pero ya no te extraño.
Aún con todo el daño que me hiciste,
deseo que seas feliz,
dónde quiera y con quién estés,
ya te olvidé,
ya no te amo.

Triste despertar

Anoche desperté.
Tenía las manos cruzadas sobre el pecho.
Soñé que te abrazaba,
que me decías, *Te amo*,
que tus lágrimas me bañaban el pecho.
Que por mucho que traté de consolarte,
seguías diciendo, *Te amo*,
pero incontrolable seguías llorando.
¿Qué tienes, amor mío?
te pregunté muchas veces
y no contestabas.

Desperté con mis ojos bañados en lágrimas.
Abrazaba mi almohada, te llamé a gritos.
Te busqué por todo el cuarto,
cuando no te encontré en la cama.

Entonces me di cuenta,
estoy solo.
¿Qué le pasa, estará enferma?
¿Estará sola? ¿Será que me necesita?
Entonces recordé.
No, ya no me necesitas,
ya no estás en mi vida.
Ya tu vida es tu vida,
y mi vida es todavia tuya.

Entonces sentí unas gotas frías
bajando por mi rostro.
Sin darme cuenta grité,
¡Mi amor, Te amo!
Llorando me quedé dormido.
Solo mis lágrimas se deslizan por mi rostro,
tenía mis manos cruzadas en mi pecho,
y murmurando, *Te amo, Te amo*.

Locura

Llueve.
Y yo tras los cristales de mi ventana,
ya no soporto más esta amargura de saberte tan lejos,
y en la lluvia,
veo sonreír tu rostro,
¡Qué locura!

Locura porque amarte es solo un sueño.
Locura porque querer besar tus labios
y acariciar tu cuerpo angelical,
es un sueño imposible.
Estás tan lejos.

Llueve.
Y yo tras los cristales de mi ventana,
ya no soporto más esta amargura de saberte tan lejos,
y en la lluvia,
besándote los labios,
veo sonreír mi rostro,
¡Qué locura!

Lloré, sí lloré

Lloré, sí, lloré.
Lloré por mucho tiempo.
Tal vez lloré demasiado.
Lloré de día, lloré de noche.
Lloré y bañé mi almohada con lágrimas.
Solo mi almohada fue mi único testigo,
solo ella comprendió mis sentimientos.
Lloré, sí, lloré.
No me arrepiento.
Lloré, sí, lloré.

Llorar no es un acto de cobardía.
Llorar es una expresión de sentimientos.
Puede ser un sentimiento
que te recuerda una linda experiencia,
o un amor ya perdido,
si me hizo feliz por un momento,
o si me recordó una tristeza que no olvido.

Lloré, sí, lloré, y no voy a negarlo.
Tal vez lloré expresando un sentimiento que me dejó herido,
o tal vez un sentimiento que me hizo reír tanto.

Lloré, sí, lloré.
Tanto que mis lágrimas rodaron.
Llorar no me hace diferente,
mucho menos cobarde.
Lloré, por perder un amor,
por perder a mi madre,
por una historia triste,
el día que perdí a mi padre.
Llorar me hace muy humano.
Con esa misma fuerza que lloro,
con esa misma fuerza,
también amo.

Sin ti

Quiero que seas feliz,
me dijiste, amor, el día de tu partida.
Quiero que seas feliz,
y con un tierno beso,
me dijiste adiós.

Me quedé solitario mirándote
perdiéndote en la distancia,
Quiero que seas feliz,
retumbaban en mi mente tus palabras.

Quiero que seas feliz,
me volvias a repetir en cada una de tus cartas,
o cada vez que me hablabas.
Cuídate siempre por favor,
no quiero que sufras,
por nada.

No puedes comprender
que mi felicidad está marcada
si no te tengo a ti,
si no estás junto a mí, mi amor,
sin ti,
no soy feliz,
sin ti,
no tengo nada.

Tú

Tú, que fuiste el amor de mi vida.
Tú, que al conocerte, borraste todo.
Tú, que me enseñaste el olvido,
que todo lo que viví antes de ti,
fueron locuras.
Tú, que me enseñaste lo que es amar,
y que por ti, olvidé mi mundo pasado.
Tú, que me hiciste reír,
y por ti y solo por ti,
olvidé todas mis jugadas.

Tú, que me diste a conocer un mundo nuevo.
Tú y solo tú, mi dicha.
Tú, y solo tú, mi fuerza.
Tú, me abandonas hoy.
Y lo que de ti antes tuve,
nada me queda,
Y lo que conocí contigo,
ya no lo tengo.

Tú, que fuiste el amor de mi vida,
hoy me abandonas.
Tú, y solo tú, seguirás siendo mi amor soñado.
Yo no podría reemplazarte,
aunque quisiera.
Pero es tanto el dolor que me has causado,
que tragándome el sabor de mis lágrimas amargas,
y pidiéndole a Dios que seas feliz,
cierro la puerta.

Egoísta

No tienes razón para juzgarme,
mucho menos pedirme explicación.
Te amaba con locura,
y tú lo sabes.
Te di todo a cambio de tu amor.

Un amor,
no lo niegues,
bien puro.
Sé que me amaste,
tal vez como nunca antes,
habías amado.
Pero ese amor que me ofrecías,
estaba lleno de egoísmo,
y ese egoísmo pudo más
que nuestro amor.

Ese egoísmo pudo más que tú,
y te marchaste, con un mísero adiós.
Seguiste tu camino,
y no te importó nada.
Ahora regresas y piensas
que todavia tienes derecho,
y me exiges que te ame como antes.

Yo no puedo regresar al pasado.
Aún te amo,
pero con dolor te digo adiós.
Sigue tu vida,
aún llena de egoísmo,
y que Dios nos bendiga a los dos.

Egoísmo

Si cuando te pedí que recapacitaras,
si aún después de haberte marchado,
te imploré que regresaras.
Si nunca te importó que sería de mí.
Si en vano te llamé,
en vano te busqué,
y en vano fueron mis palabras.
Por mucho que fue mi amor por ti,
no me escuchabas.

Si cuando mis pupilas ya no se mojaban,
si de tanto llorar se secaron mis lágrimas.
Si todo lo imposible lo intenté,
buscando que entendieras.
Ni mis palabras ni mis actos
por salvar nuestro amor te importaron,
hoy que estás de nuevo aquí,
para qué repetir hoy,
si veo que nada ha cambiado.
No me preguntes nada,
que nada te diré.
Si todo lo que luché por nuestro amor
fue en vano,
si nada te importó mi sacrificio,
para que repetir hoy,
que todavia te amo.

Despedida

Tal vez nunca sepas
el día que me vaya.
Cuando alguien te lo diga,
no sé si te dará tristeza o alegría.
O tal vez no te importe,
como siempre lo hacías.

No sé si algún recuerdo
pasará por tu mente,
o simplemente pienses,
al fin pudiste irte,
con el alma vacía.

No sé si volveré,
no sé si vuelva a verte,
no sé si algún día voy a saber de ti,
o el dolor de tu ausencia me duela para siempre.
No sé si algún día quiera verte de nuevo.
No sé si estarás sola o en los brazos de otro.

No sé si tal vez un día por alguna razón, me recuerdes.
Tal vez lees uno de mis poemas o encuentras una de mis cartas.
O tal vez simplemente escuchas una canción de tantas
que yo te dedicara.

Tal vez te encuentres con alguien que sabía cuanto te amaba
y al verte sola, sin tus manos en mis manos,
sin una sonrisa en tus labios,
y con una mirada profunda y triste,
y por mi te pregunté,
¿Por qué estás sola?
Tú eras todo en su vida, y te adoraba.
Tal vez un día por alguna razón me recuerdes.
Tal vez en los brazos de otro,
o abrazando y bañando con tus lágrimas,
tu almohada.

Me voy

No sé si un día regrese,
no sé si un día voy a saber de ti,
no sé si vuelvo a verte,
o el dolor de tu ausencia
me duela para siempre.

Sé que te amé,
te amé con toda mi alma.
No sé si me amaste,
no sé si aún me amas.

No sé si el dolor de no tenerte
martiriza tus noches y perturba tus sueños.
A mí me pasa.
No voy a la cama hasta que me vence el sueño,
pero cierro los ojos
y te veo sonriendo.

Busco tus manos,
tu boca,
busco tu cuerpo.
Y me quedo dormido amándote
en mi mente
y soñando contigo.

Insomnio

Cuando me acuesto en la noche
creo que me acuesto a tu lado.
Te busco con mis pies,
te busco con mis manos.
Y solo está la almohada
donde dormías descansando.

La abrazo,
con mis lágrimas la baño,
con mis labios la acaricio,
y murmuro,
Te amo.

Pero aún eso no es todo.
Me quedo dormido y contigo salgo soñando.
Al amanecer despierto y estoy solo,
sin tu cabeza en mis brazos.
Y todo el día te pienso,
y todo el día en silencio te llamo.
Y aunque nunca más regreses,
quiero que sepas que te amo,
que el recuerdo de tus ojos,
la alegría de tu sonrisa,
la magia de tus manos en mis manos,
viven en mí para siempre.
Te sueño de noche y de día,
Y murmuro,
Te amo.

Y cuando llega la noche,
vuelvo y busco tu almohada,
vuelvo y la beso y la abrazo,
Y murmuro,
Te amo.

Tu regreso

Que no se te olvide el camino,
te dije el día que te fuiste.
No se te olvide el camino
para volver a mi vida,
recuerda donde vivo.
Vuelve el día que tú quieras,
por el tiempo que quieras,
y si lo deseas, mi amor,
vuelve por el resto de tu vida.

Con lágrimas te imploré que volvieras.
Yo movi cielo y tierra esperando por ti.
Detuve el tiempo para cuando volvieras
todo lo encontrarás tal como lo dejaste.
Te lo pedí llorando,
te lo pedí implorando.
Pero todo fue en vano.
Tú nunca me escuchaste.

Los recuerdos duran por mucho tiempo.
Pero un día desperté y no recordé nada.
Mi mente estaba clara.
La herida que sentía duró por mucho tiempo,
ese día me levanté,
y no dolía más.
Estaba cicatrizada.

Con la soledad todas las noches me acostaba.
Con la soledad me despertaba.
Pero ese día desperté con la ansiedad
de conocer un mundo nuevo,
de volver a vivir,
y comenzar de nuevo.

Era otro día.
Alguien me anhela,
alguien me busca,
alguien me ama,
alguien me espera.

Ese día que volviste,
no te esperaba.
Ya no te conocía,
ya no te amaba.
Alguien me ama,
conmigo estaba.
Me dio pena por ti.
Pero tal vez lloraste mucho,
te noté triste.
Pero no podía amarte.
Solo le pido a Dios que te ampare,
y que seas muy feliz.

Recuerdo de Amor

Anoche, vida mía,
me acordé de ti.
Justamente a la misma hora,
que el día en que te perdí.
No lo pude evitar.
Mis ojos se nublaron,
lágrimas por mi rostro bajaron,
y tratando de dormir seguía recordando.

Mis lágrimas rodaron con sabor amargo.
Sin poder evitarlo a gritos te llamé.
Ansiaba tu regreso, tenerte en mis brazos,
pero todo fue en vano,
dormido me quedé.

Luego sentí un alivio cuando sentí que me abrazaron.
Me dijeron,
Te amo,
y besándome los labios
juntos los dos lloramos.
Entonces desperté y era ya un nuevo día.
De nuevo estaba solo.
Solo con tu recuerdo
y mi cama vacía.

Aquel lugar

En el mismo lugar,
donde por última vez,
nos besamos.
En el mismo lugar,
donde por última vez,
los dos lloramos.

Aquel lugar fue el único testigo
del fin de nuestro idilio.
Aquel lugar que hoy
contemplo al pasar,
está desierto.
Si supieras las veces que he regresado,
a pensar y a llorar
en el mismo lugar que está muriendo.

En el mismo lugar,
donde por última vez,
nos abrazamos.
Te miré partir, me miraste partir,
nuestros ojos en llanto,
pero no hicimos nada
por evitarlo.

Aquel lugar que lentamente muere
como se muere el día cuando llega la noche,
oscura y fría.
Si supieras las veces
que la noche me sorprendió
en aquel lugar,
llorando nuestro amor,
y sollozando.
Y como aquel lugar que está muriendo,
en el mismo lugar, así muere mi amor,
por ti esperando.

Sueño y pesadilla

Anoche me desperté.
Mi corazón daba brincos y sentí mucho dolor.
No sé si fue un lindo sueño o una horrible pesadilla.
Solo sé que podía verte pero no podía tocarte.

Quise voltearme,
pero no pude.
Sentí un calentón bien fuerte
de unas manos apretando las mías.
Era un calentón de dicha,
de ternura y alegría.
No podían ser tus manos.
Tus manos estaban lejos,
tus manos estaban frías.

Quise hablarte y no pude.
Y de mis ojos las lágrimas derramaba.
No eran tus manos apretándome las mías.
Tus manos cubrían tu cara,
tus manos cubrían tu llanto,
tus manos estaban lejos,
tus manos estaban frías.

Empecé a murmurar unas palabras.
Empecé a gritar,
¡Por favor vete!
pero unos dedos tiernos cruzaron mis labios
en señal de que callara.

¿De quién eran esos dedos que cruzaron mis labios?
Quise voltear la cabeza para mirar su cara
pero no pude.
Tú seguías frente a mí,
tus manos cubrían tus lágrimas.

Tú, un perdón me implorabas,
ella secaba mis lágrimas,
ella me decía,
Te amo,
no sé quién era,
pero ya no importaba.

Anoche me desperté.
Sentí miedo y sentí frio.
Sentí un calor inmenso de unas manos
apretando las mías.
Sentí su cuerpo junto al mío,
sentí sus labios en los míos,
y me sentí protegido.
Al sentirme tan seguro,
volvi a quedarme dormido.
En la mañana desperté
y un nuevo día comenzaba.
Ahí estaba ella.
Me abrazó fuerte,
me dio un beso y me dijo,
Ya no temas mi amor,
fue solo una pesadilla.
No temas,
yo estoy contigo.

Desilusión de amor

Para decirte adiós
me tomó mucho tiempo.
No sabía si escuchar los latidos de mi corazón
que me decían,
No te vayas,
confía,
quédate.
O escuchar e interpretar tus palabras
que me decían,
Yo te amo,
yo te espero,
quiero verte.

Aún ya listo para irme,
sentí un latido extraño con dolor en el pecho,
y casi al mismo tiempo recibí tu llamada,
Cuando llegues voy a buscarte.
No le hice caso a los latidos de mi corazón.
Partí lleno de ilusiones,
lleno de amor y esperanza
de tenerte en mis brazos,
y amarte para siempre.

¡Que desilusión!
No eras nada como decías.
No eras quien me hiciste creer por tanto tiempo.
Pero como hombre humilde y honesto,
busqué una explicación para mi error.
Eras tú o era yo.
De nuevo me latió el corazón,
y esta vez no me dijo,
No te vayas.
Me dijo,
Vete.

Para irme y no vieras mis ojos en llanto,
salí sin despedirme
en el silencio de la noche.
Sentí dolor,
sentí tristeza,
no porque me marchaba,
si no porque a mi corazón no lo supe escuchar
cuando me hablaba.

No me arrepiento de haberte amado,
no me arrepiento de darte mi corazón sin reservas.
Me arrepiento de no haberte buscado antes,
te hubiera conocido como eres,
y el resultado hubiera sido el mismo,
alejarme en el silencio de la noche,
pero sin amarte.

Porque Dios lo ordena

Porque Dios lo ordena
la suave brisa nos acaricia y nos da frescura.
Porque Dios lo ordena
la fresca lluvia rocía las flores y les da vida.
Porque Dios lo ordena
la hoja de un árbol se mueve libre,
y porque Dios lo ordena
se cae del árbol sin destruirse.

Porque Dios lo ordena
se muere el día y la noche vive,
y porque Dios lo ordena
vive la noche y muere el día.
Porque Dios lo ordena
en el espacio brillan las estrellas
y porque Dios lo ordena
le hacen compañía a la noche bella.

Porque Dios lo ordena
el sol calienta una tarde fría,
y porque Dios lo ordena
después de la tormenta,
viene la calma, paz, y alegría.
Porque Dios lo ordena
nace una vida y otra muere,
y porque Dios me ordena,
es que te amo,
tal y como eres.

Porque tú lo ordenas
este amor nuestro
se está muriendo,
y porque tú lo ordenas
estamos solos
los dos sufriendo.

Si tomada de la mano

Si tomada de la mano un día fueras con otro.
Y te sientes feliz,
y sientes que tu cuerpo por el aire camina.
Si sintieras la lluvia acariciar tu cara pero no está lloviendo,
esa lluvia son mis lágrimas refrescando tu cuerpo.

Si de momento notas que la hoja de un árbol
cae en tu cabello pero no está haciendo viento,
esa hoja son mis labios dándote un beso tierno.

Si tomada de la mano feliz vas caminando
y un incontrolable impulso te hace mirar al cielo,
y si notas un ave felizmente volando,
esa ave soy yo que te estaré cuidando.

Si tomada de la mano feliz vas caminando.
Y sin darte cuenta le apretaras la mano.
Y si él te preguntara apretando tu mano,
¿Mi amor estás bien, te pasa algo?
No le digas nada.
Simplemente sonríe sin murmurar palabra.
Si te llama, *mi amor*, apretando tu mano,
es que soy yo, mi amor,
quien camina a tu lado.

Quiero que seas feliz

Quiero que seas feliz,
me dijiste el día que juraste amor eterno.
Quiero que seas feliz,
repetías todas las mañanas al despertar a mi lado abrazada.
Quiero que seas feliz,
eran tus *buenos días*,
era tu forma de decirme,
te amo.

Quiero que seas feliz,
me dijiste una mañana,
y con un tierno beso me dijiste adiós.
Te noté diferente,
me sentí solitario mirándote,
perdiéndote en la distancia.
Quiero seas feliz,
retumbaban en mi mente
tus palabras.

¿Qué vas a hacer ahora?

¿Y ahora qué vas hacer?
La noche que te fuiste hice todo lo posible
para que recapacitaras.
La noche estaba fría, oscura
y muy lluviosa.
No quisiste escucharme
y no te importó nada.

Corrí detrás de ti.
Te grité a todo pulmón que lo pensaras.
Te tomé las manos y te abracé fuerte.
Te grité lo mucho que te amo,
pero si te quieres ir,
no puedo detenerte.

No puedo negar que grite tu nombre
y me hacías mucha falta.
Busqué como cruzarme en tu camino,
pero no te encontraba.
El tiempo y la distancia
es la mejor medicina para el olvido.
Un día desperté y en mi mente
ya no estabas.

Hoy de nuevo te encuentro,
y al fin recapacitas.
Que grave error has cometido.
Aquel que te esperaba,
ya no te espera,
aquel que dijo que te amaba,
ya no te ama.

¿Qué vas hacer ahora?
Te apareces de nuevo,

un perdón implorando,
como si nada.
Yo solo podría darte un abrazo,
desearte lo mejor,
y seguir por mi lado,
con este nuevo amor que me ama
y que yo amo.

¿Qué has hecho con tu vida?

Que has hecho con tu vida,
desde aquel triste día que murió nuestro idilio.
Quiero saber si en silencio sollozas,
si mojas tu almohada,
si en silencio me llamas.

Que has hecho con tu vida,
quiero saber si cuando llegas tarde en la noche,
tu habitación oscura la encuentras solitaria.
Dime si gritas mi nombre pero no escuchas nada.
Dime si el eco de tu voz es tu respuesta,
dime si por haber sido cobarde,
bebes tus lágrimas.

Que has hecho con tu vida,
desde que con un abrazo y un mísero beso
me dijiste adiós.
Mis ojos te siguieron hasta que estabas lejos
y ya no podía verte.

Que has hecho con tu vida,
amor de mi vida,
desde aquel triste día.
Quiero que me la cuentes con todos sus detalles.
Que has hecho con tu vida,
ya te conté la mía.

No me digas nada

No me digas nada.
Ni una sola palabra.
Interpreto tu silencio.
que todo está perdido.
que todo está desierto.
No se escuchan las palabras
más se escucha el silencio.
No me digas nada.
Todo lo comprendo.

El comportamiento dice más
que las palabras.
Tu comportamiento me demuestra
que ya estás muy, muy cansada.
Que ya nada te importa.
que has vendido lo poquito que nos quedaba.

Cuando se vende cosa usada,
se vende
porque ya no tiene lugar para tenerla,
o porque ya no la quieres sin importarte nada.
Como la basura la deshechas,
y la tiras al olvido.

Así vendiste este gran amor sagrado
y lo tiraste al olvido.
Pero sin tener en cuenta
que lo que se deshecha
siempre hay un mendigo
que lo necesita
y con cariño
daría la vida
por poseerlo.

Poema para una esposa fallecida

Recuerdo tu mirada,
a veces pérdida en la distancia.
A veces penetrante en mis pupilas,
como un rayo de luz por la ventana.

Recuerdo tu sonrisa,
a veces simple sin abrir tus labios,
otras veces como una loca carcajada.
Y recuerdo tus ojos a veces tristes,
otras veces brillaban,
y una vez que otra, lágrimas sobraban.

Y recuerdo tu amor,
cuando decías cuanto me amabas,
muchas veces sin decir una palabra.
Lo veía en tus ojos,
lo veía en tu mirada.
Con solo tocar mi cuerpo,
las palabras sobraban.

Y recuerdo la noche
que vez primera fuiste mía.
Como tembló tu cuerpo,
como temblaba el mío.
Siendo primera vez lloraste como niña,
y te estreché en mis brazos,
te amé con locura,
y juntos abrazados
se fue la noche,
y llegó el día.

Y recuerdo los años
que juntitos pasamos,
cómo puedo olvidarlo,
viven en mí todavia.

Me diste el más bello recuerdo
que ninguna mujer podría darme.
Los regalos de tu vientre,
me hiciste ser un hombre,
me hiciste ser un padre.

Y sí...recuerdo tu partida.
Cuando te fuiste,
ya no sabías quién yo era,
ya no me reconocías.
El recuerdo de tu partida
me dejó una herida.
Y aunque seguí adelante,
ya no era igual.
Fuiste mi primer amor,
el amor de mi vida.
Y aunque no puedo verte,
sé que me amas y me cuidas.

Mi último adiós

Por si acaso no puedo tomarte las manos.
Si el dolor de la muerte no me permitiera decirte
cuánto te amo.
No sé si mis ojos por las lágrimas bañados,
pudieran ver tu rostro.
Si estás triste, pensativa,
o llorando.

Si no tuviera el tiempo para darte un abrazo.
O darte una sonrisa o acariciar tu pelo.
No sé si podré hablar o murmurar tu nombre.
Si Dios me permitiera en un suspiro hondo,
darme un segundo de vida, será una eternidad contigo.

Yo no sé si mis ojos podrán estar abiertos
para darte mi última mirada.
No sé si tendré fuerzas para decirte adiós,
o simplemente pensar que estás a mi lado,
y en ese pensamiento,
poder besar tus labios.

Yo no sé vida mía,
si tendré o no las fuerzas de murmurar palabras.
No sé si estarás lejos o estarás conmigo.
Pero, aunque solo sea en mi mente,
yo si estaré contigo.
Y gritaré *Te amo*
y donde tú te encuentres si no estás a mi lado,
vas a sentir la lluvia,
vas a sentir el viento,
vas a sentir mis manos acariciando tu cuerpo.
Vas a sentirme a mí.
Aunque te encuentres lejos
y aunque yo me haya muerto.

Maldito orgullo

Maldito orgullo.
Por ese maldito orgullo
muchas veces lo que más nos hace feliz,
lo perdemos.
Es ese maldito orgullo,
el peor atributo que como humanos tenemos.
Sentimos ese maldito orgullo para el dinero,
lo sentimos para la propiedad,
para el trabajo,
vistiendo y viviendo.

Maldito orgullo que nos domina.
Es tan fácil herir a quien se ama.
Aún cuando se puede arreglar todo
con solo unas simple palabras.
Nos aferramos a ese maldito orgullo que nos domina,
y todo lo perdemos.
El sentimiento,
los valores que tenemos como humanos,
por ese maldito orgullo,
todo al olvido lo echamos.

Por ese maldito orgullo
se rompe y se olvida la familia.
Por ese maldito orgullo,
perdemos amistades
buenas y honestas.
Por ese maldito orgullo
que nos domina,
que nos vence,
perdemos en ocasiones
todas las oportunidades.
Perdemos una mejor vida.
Una vida tranquila llena de amor,

de alegría,
una vida llena de luz y de armonía.

Las tres cosas más difíciles de admitir
son las que más cometemos.
Somos muy inteligentes para unas cosas
y para lo más importante,
nuestra forma de vivir con felicidad,
somos ignorantes.
Sin confianza,
comunicación y respeto,
ninguna relación puede sobrevivir.

Es muy fácil herir, ofender,
faltar el respeto
y no tener el valor para arrepentirnos.
Es tan fácil salvar la amistad y estar más feliz
si con respeto, a la persona ofendida decimos,
Tú tenías razón, yo estaba equivocado.
Le das un abrazo,
un apretón de mano,
un *perdóname, soy humano y cometí un error.*
Ven siéntate a mi lado y como buenos hermanos,
hablamos.

Derrotemos ese maldito orgullo y todo será mejor.
Nos vamos a dormir más tranquilos.
Despertamos felices de la vida
cuando admitimos nuestra culpa
y pedimos perdón o lo damos.
Podríamos con eso salvar todo,
y lo más importante,
el amor.

Me faltó valor

Ayer te vi pasar
y sentí unos deseos incontrolables.
Pensé gritar tu nombre,
pero me faltó valor.
Pensé correr hacia ti y saludarte.
Pero me faltó valor.
Tenía deseos de estar frente a ti,
deseos de tomarte la mano,
mirarme en tus ojos,
hablarte,
abrazarte.
Pero me faltó valor.
Sentí unos deseos de gritar que te amaba,
sin importarme quien me escuchara.
Pero me faltó valor.
Fui un cobarde.

Seguiste tu camino
y te seguí con la mirada.
Ya cuando casi te perdías y no podía ya verte,
sentí frio y agua deslizando por mi cara.
No podía entender, porque el día estaba claro y el sol brillaba.
Entonces comprendí,
eran mis lágrimas.

Sentí un poco de valor
y corrí para ver si te alcanzaba.
Y solo en cuestión de minutos,
llegué donde tú estabas.
Entonces recordé el lugar,
el mismo parque,
el mismo árbol,
el mismo banco donde juntos sentados y tomados de la mano,
una noche llena de estrellas,
mi amor te declarara.

Me acerque un poco más
para mirar tu cara,
para mirar tus ojos.
Y volvi a sentir mis lágrimas.
Cuando te miré,
vi que tú también,
llorabas.
Ahora sentí más valor.
Entonces corrí donde ti,
y te abracé bien fuerte.
Te dije, *Te amo*,
te tomé la mano y a paso lento
nos fuimos caminando.

Pero empezó a llover muy fuerte con truenos y relámpagos.
No sabía si el tiempo, nuestro encuentro celebraba,
o una tormenta nos amenazaba.
Te pedí que camináramos ligero.
Estábamos ya empapados,
y cuando fui a besar tus labios,
desperté.
Sí, estaba lloviendo,
tronando y relampagueando,
y yo estaba soñando
abrazando mi almohada,
llorando.

Corazón Familiar

Te amo Madre

Madre.
Tantas cosas que me enseñaste.
Me diste tantos consejos.
Cómo llegar a ser hombre de buen provecho,
cómo mantenerme limpio,
cómo ser un buen amigo,
cómo cuidar mis hermanos,
cómo andar por el camino recto.

Me enseñaste a luchar con honestidad y respeto.
Cómo mantener la casa,
cómo bregar con mis hijos,
cómo tratar a mi esposa,
cómo debía actuar,
cómo seleccionar buenos amigos.
¿Qué es lo que no me enseñaste?
Ya es tarde, Madre mía.
Muy tarde para explicarte.

Yo te adoro, Madre mía.
Sin ti, yo nada sería.
Y si un día tú me faltas,
sin ti no tendré alegría.
Por favor, nunca me dejes.
Pido a Dios que para siempre
yo pueda estar en tus brazos.
Pero si un día tú me faltas,
Madre, llévame de tu mano,
y siempre cuida mis pasos.

Esa era mi petición, Madre.
Y es lo que no me enseñaste.
Si te ibas de mi lado,
cómo debía comportarme.

Poema amor de padre

Gracias papá.
Me tomó muchos años entender tus consejos.
Comprender tus sabios comentarios,
en fin, todo lo que me decías.
A veces en forma de una opinión,
otras veces en forma de un ejemplo.
Pero cuando ponías tus manos encima de mi hombro para hablarme,
me lo decías directo.
La escuela de la vida es indispensable.

Muchas veces pensé que estabas loco.
Tal como aquel día que con mano sobre mi hombro me dijiste,
Aunque tengas toda la razón, acepta la culpa,
pídele perdón a tu vecino, estréchale la mano con un fuerte apretón
y mantenlo como un amigo.
Notaste mi confusión y rostro de sorpresa.
Por eso pensé que estabas loco.
Pero tú me sonreíste y continuaste,
Muchas veces en la vida todo lo vemos perdido.
Y muchas veces por mucho que buscamos no encontramos un amparo.
Me apretaste el hombro, y continuaste,
Es en ese mismo momento cuando el amigo vecino,
aquel que le dimos la razón sin tenerla,
resulta ser nuestro hermano.

Con ese pensamiento me pasaron los años.
Una noche llegué a casa y encontré mi esposa llorando.
Mi hijo abrazando en fiebre,
sus ojos casi cerrados.
Lo envolví en frisas y sabanas y salí con él gritando.
Fue entonces que escuché un grito,
¿Vecino, que está pasando?
Entonces le contesté,
Es mi hijo, solo tiene dos añitos.
Se me muere si no avanzo.

Y sin percatarme del tiempo al hospital llegamos.
Mi hijo se salvó, gracias a un vecino bueno,
gracias a un vecino hermano.

Por primera vez padre amado,
lo comprendí todo.
Recordé tus consejos
y no, no estabas loco.

Fuiste un ejemplo vivo,
y hoy con amor y alegría,
orgulloso soy tu hijo.
Me haces una falta inmensa,
sé que todavía me aconsejas
y desde lo infinito me cuidas.
Te recuerdo y te respeto,
un fuerte abrazo papá,
una sonrisa y un beso.
Te amo viejo.

Poema a una madre

¿Qué nombre podría llamarte?
Si tú todo lo sabes.
¿Qué nombre podría llamarte?
Si cuando llego tarde,
ya tú has llegado temprano
y estás ahí, esperándome.

¿Qué nombre podría llamarte?
Si solo con la mirada sabes lo que necesito,
sabes lo que quiero,
y sabes como me siento.

¿Qué nombre podría llamarte?
Si cuando he perdido algo y vez que lo estoy buscando,
me sonríes, me abrazas,
me das un beso y me dices,
Aquí está mi amor,
yo lo tengo.

Tú de todo te das cuenta
y todito tú lo sabes.
Eres enfermera,
maestra,
médico,
consejera.
Eres la última en ir a descansar,
la primera en levantarte.
Eres dietista para preparar la cena,
le das de comer a todos y te olvidas de alimentarte.
Eres bancaria, economista
para tener todo al día,
y para limpiar la casa,
eres indispensable.

¿Qué nombre podría llamarte?
Si no hay un título que no tengas,
si tengo dolor de oído o una fiebre que me abraza,
el remedio tú lo tienes y sabes como curarme.

¿Qué nombre podría llamarte?
Si cuando crees que has terminado,
en lugar de descansar,
sientes un toque en la puerta,
y vas abrir con alegría
para que entren tus nietos.

¿Qué nombre podría llamarte?
Si todos los títulos tienes,
eres ama de casa,
amiga, hija, abuela.

¿Qué nombre podría llamarte?
Lo eres todo.
Eres madre.

Carta abierta a mi hermano

Querido hermano,

Sé que te sorprenderá el recibir esta carta. ¿Y sabes una cosa? También yo estoy sorprendido. Porque al fin tengo el valor de decirte, que estoy agradecido. Hace años que pensaba algún día darte las gracias. ¿Eso por qué? Bueno eso los dos lo sabemos. Y lo sabe todo aquel que a ti te haya conocido. Sabes que anoche, anoche hice un recorrido de nuestros años de infancia. Recordaba los corajes que pase cuando tú me regañabas. Hay veces que tuve ganas de decirte, *Pero, ¿qué tú te has creído?* Luego te miraba arrepentido. Y créeme, te perdonaba.

Hermano, los años poco a poco nos han pasado por encima. ¿Te has mirado en el espejo? Eso quiere decir que las canas se aproximan. Pero tú no, hermano. Tú no tienes por qué tener miedo. Porque Dios te ha separado para ti algo bueno. Porque tú te lo has ganado. ¿Ninguno de tus hermanos te ha dicho lo que eres? Yo te lo voy a decir.

¿Sabes que eres como un árbol que nace en la primavera y en el verano florece? ¿Y que por ser dura la lucha, el otoño ha perdido ya todas sus energías? Y al llegar el invierno el árbol siempre muere. Pero tú no, hermano. Tú le das una sonrisa y no sé cómo lo haces. Pero vuelve la primavera y tú de nuevo floreces.

Eso es lo que eres tú. La raíz de la familia. Pero no fuiste raíz solamente al nacer. Sino que te mantuviste y me ayudaste a crecer. Y yo sé hermano, que hermanos hay muchos. Pero hermanos que sonríen mientras la vida es dura, hermanos que se apuran cuando nos ven afligidos, hermanos que a un buen camino nos quieran siempre llevar, que sean un padre ejemplar y también hijo glorioso, de esos, hermano, hay muy pocos, porque se pueden contar.

Yo no hablo por mi nada más. No, hermano. También hablo por los otros más pequeños. Porque ellos también quisieran rendirte hoy un tributo, Porque tú te lo has ganado. Porque tú has sabido ser hijo, hermano, amigo, y también tú has sido de todo aquel que de ti ha necesitado. Por eso yo, y mis otros dos hermanitos, los tres las gracias te damos. Y así juntamos las manos para decirte al oído, que eres el árbol más fuerte que en este mundo ha nacido.

¡Caramba, se me olvidaba! Y si me llego a olvidar, no me lo perdonaría. Porque nuestra hermanita también te ama. Ella también te respeta, ella también aprovecha esta valiosa ocasión. Si en algo ella te ha ofendido hermano, ella te pide perdón.

Ya debes estar llorando. ¡Vamos, deja de llorar! ¡Seca esas lagrimas! Lo que te estamos diciendo es porque lo has merecido. Ya que mi carta has leído, no le des contestación. Ahora sí que me despido, hermano del alma mía. Porque Dios te dio la dicha, hermano, de ser hijo, hermano, padre, y ahora abuelo. Hermano, que Dios te guarde y que siempre te bendiga.

Amor a tu mascota

A veces como humanos creemos
que somos los únicos con mente para pensar.
Que solo nosotros
podemos analizar lo que pensamos.
Nos creemos que solo el cerebro humano
puede positivamente analizar una situación.
Creemos que somos únicos
para dar o recibir el acto de amor.

Eso está muy lejos de la verdad.
Hay alguien que vive con nosotros,
que comparte nuestras vidas,
nos da mucha alegría
y algunos momentos de tristeza.
Ese alguien,
puede a veces imaginar
o saber más que nosotros mismos.

A veces pensamos que ese alguien no puede imaginarnos,
y no nos puede amar.
Estamos muy equivocados.
Ese alguien, sin vernos,
sabe en la distancia,
dónde estamos.
y puede presentir que algo nos pasa.

La otra noche,
estaba en su camita de paja con su frisita,
calladito descansaba.
Yo en mi cama,
pero algo me molestaba.
Sentía un poco de dolor y me quejaba.
Escuché sus ladridos.
La puerta de mi cuarto estaba cerrada.

Siguió ladrando y como nada pasaba,
con sus patitas rozaba la puerta del cuarto.
Cuando le abrimos empezó a mirarme y a lamerme.

A ese alguien,
a veces le damos un nombre humano,
un nombre histórico,
o simplemente un nombre que nos guste.
En la historia está Lassie,
Rin-Tin-Tin,
o está mi preferido de todos,
Ozzy.
Cuando está cerca de mí,
yo le llamo Ochy,
le llamo Pochy,
le llamo Monchy.
Como yo le llame, él me responde.
Me mira,
me ladra,
y a mis pies se pone.

Te amo Ozzy,
Pochy,
Monchy,
yo que sé.
Si te diera las gracias, no me entenderías.
Me ladras,
me miras como si yo fuera loco.
Pero lo más importante,
eres parte de mi vida.
Eres mi acompañante,
eres mi amigo fiel.
Te amo.

Bienvenido a la familia.

Corazón
Espiritual

La Biblia declara

*Se puede cantar en tono RE menor, RE mayor
o MI menor en estilo de Aguinaldo Jíbaro.*

Es bella esta historia,
que les voy a contar.
Llegaré al final,
según mi memoria,
si es que no me falla.
En esta morada,
que sucedió un día,
que dio a luz María,
La Biblia declara.

Es interesante contar esta historia.
Comparta el que sepa,
el que no que calle.
Mi mente comparte,
esta historia rara,
que en una mañana,
un mes de diciembre,
nació en un pesebre,
La Biblia declara.

Con mucha alegría,
les diré al momento.
Que eran por cierto,
San José y María.
Un niño nacía,
y puertas tocaban,
piedad imploraban,
por el niño aquel,
que nació en Belén,
La Biblia declara.

Su madre piadosa,
lo envolvió en pañales,
y por esos males,
era milagrosa.
Como poderosa,
ya sabía con calma,
que Dios la salvará,
con el niño aquel,
que nació en Belén,
La Biblia declara.

Unos pastorcillos,
que por allí pasaron,
se arrodillaron,
a adorar el niño.
Con mucho cariño,
luego ellos contaban,
que un ángel le hablara,
de lo acontecido,
que naciera un niño,
La Biblia declara.

Pasaron los días,
y se veía una estrella,
que resplandecía bella,
sobre El Mesías.
Con mucha alegría,
regalos le daban,
también lo adoraban,
los Magos de Oriente,
en aquel pesebre,
La Biblia declara.

Herodes trató,
de matar al niño,
y José seguido,
a otro sitio huyó.
El niño creció
y todos lo admiraban,

porque cuando hablaba,
era inteligente,
y curaba la gente,
La Biblia declara.

Tenía poderes,
sobrenaturales,
curaba enfermedades,
a todos los seres,
creció sin desdenes,
por montañas andaba,
cuando predicaba,
la gente le oía,
hijo de María,
La Biblia declara.

Esto es un misterio,
la gente comentaba,
porque lo escuchaban,
siendo un carpintero
pero con esmero,
a Jesús admiraban,
porque él predicaba,
lo que iba a pasar,
se sentaban a escuchar,
La Biblia declara.

Cuando él predicó dijo,
Esto es un misterio,
oigan mi Evangelio,
soy hijo de Dios.
Mi padre me envió
para que yo les comunicara,
para que yo salvara
a la humanidad
que en pecado está,
La Biblia declara.

Los años pasaron,
y Jesús seguía
de noche y de día
haciendo milagros.
Todos se alarmaron
un día que estaba
Juan Bautista y predicaba
cerca de un desierto,
y así como les cuento,
La Biblia declara.

Allá en el desierto,
Juan Bautista gritó,
Prepárenle a Dios,
un camino recto.
Juan con mucho afecto
allí bautizaba,
vio a Jesús que llegaba
y lo bautizó.
Así sucedió,
La Biblia declara.

Jesús caminó
por montes y valles,
temprano una tarde
Simón se acercó.
Le dijo, *Señor,*
encontrarte esperaba,
que te acompañara,
ese es mi gusto,
tu primer discípulo,
La Biblia declara.

Jesús le dijo,
Tened mucha fe en mí,
que yo siempre aquí,
os los guiaré y los salvaré,
en toda morada,
entonces se hallan llorando

una mujer que dijo,
sálvalo también,
a mi hermano,
La Biblia declara.

Salieron a ver
a Lázaro sepultado,
su hermana llorando
por la muerte de él.
Con palabra fiel,
Jesús predicaba,
levanta y anda,
a Lázaro ordenó,
y se levantó,
y caminó,
La Biblia declara.

Detesto el delito,
este hombre valiente,
curaba la gente,
y a un paralítico como estaba escrito,
que el también curaré,
un leproso que andaba,
por aquel lugar,
lo pudo curar también,
La Biblia declara.

Jesús proseguía
siempre predicando,
y la gente al tanto,
todos lo seguían.
La gente sabía,
que Jesús curaba
y se le acercaban
a tocar su ropa,
todita su tropa,
La Biblia declara.

Encontró a una mujer
llamada Magdalena,
la miró con pena,
del pecado aquel.
Querían también
echarla a pedradas.
Magdalena lloraba
frente al maestro,
Estás perdonada,
le dijo,
La Biblia declara.

El vio con ternura
la muerte llegar
y mandó a llamar
a todas sus criaturas.
Dijo que su padre en las alturas
pronto lo esperaba.
La muerte avanzaba,
dio su cuerpo y sangre,
para que se salven,
La Biblia declara.

Estaba sentado
al lado de él
aquel Judas infiel
que habría de entregarlo.
Jesús cabizbajo,
pan y vino les daba.
Pedro le decía,
No te negaré,
y no te dejaré,
La Biblia declara.

Él dijo al instante,
Va a cantar un gallo
y me habrás negado
tres veces cuando el gallo cante.
No puedo culparte,

pues donde yo vaya,
dejaré sellada
esta historia mía,
lo verán un día,
La Biblia declara.

Dice la escritura,
que él llamó a su padre.
Y que sudó sangre,
y es cosa segura.
Y en esa prueba dura,
a Dios imploraba,
es tu voluntad,
Padre mío,
que yo lo esperaba,
es tu voluntad,
La Biblia declara.

Lo arrestan soldados,
preso por doquier,
y lo llevan después
frente a Pilato.
Lo contempla un rato
antes que le hablara,
cualquiera pensara,
que miedo le tenía a Jesús,
Pilato, aquel día,
La Biblia declara.

Pilato por fin,
le gritó a la gente,
¡Este hombre es inocente,
de principio a fin.
Yo no lo hallo aquí,
culpable de nada!
Barrabás estaba preso allí también,
y dijo, *Escoged,*
entre Jesús y Barrabás,
La Biblia declara.

La gente gritó,
¡Suelta a Barrabás!
no se hizo esperar,
y lo liberó.
A Jesús miró,
que callado estaba,
sus manos se lavaban,
y dijo al instante,
Yo no soy culpable de su sangre,
La Biblia declara.

Lo cogen soldados
y le dan azotes
y de aquellos golpes,
el sufrió callado.
Dijo, *Padre amado,*
tu voluntad yo esperaba,
que esto me pasara,
y tenía que cumplirse,
la escritura lo dice,
La Biblia declara.

Pilato ordenó
un fuerte madero
y dijo ligero,
Esto es para el hijo de Dios.
Que lo cargue con dolor,
la suerte está echada.
Su madre lloraba
al verlo pasar,
viendo a su hijo cargar la cruz,
La Biblia declara

Cuando se cayó
camino al calvario,
vio a su madre llorando,
y se levantó,
No llores madre,
por Dios.

Y dijo ella a su hijo,
Hijo de mi alma,
que mucho has sufrido,
La Biblia declara.

Se volvió a caer
ya medio rendido
con un fuerte gemido,
se levantó otra vez,
dijeron al ver,
a Simón que pasaba,
le ordenaron que cargara
la cruz del Maestro,
y sucedió esto,
La Biblia declara.

Llegaron por fin
al Monte Calvario
y allí los soldados
lo hicieron más sufrir.
Y su ropa así,
a su suerte se jugaban,
y María sagrada a Juan se abrazó,
con mucho dolor y llorando,
La Biblia declara.

Sus piernas clavaron,
sus manos también
y Jesús pudo ver
su madre llorando.
Con su rostro inclinado,
a su padre llamaba,
Que se haga,
Padre,
ya tu voluntad,
todo cumplido ya está,
La Biblia declara.
Madre este es tu hijo,
hijo, esta es tu madre,

y le dieron vinagre cuando
Tengo sed, dijo.
Se oyeron latidos,
la tierra temblaba,
truenos se escuchaban,
en Jerusalén,
y llovió también, mucho,
La Biblia declara.

Todos los soldados
de miedo corrieron,
otros se rindieron
de miedo y espanto.
Todo el Campo Santo
oscuro se quedaba
y todos gritaban
Este hombre,
era el hijo de Dios,
de rodillas en pos,
La Biblia declara

Pasaron tres días
y fueron a buscarlo
y no lo encontraron,
según la profecía.
Entonces un día,
todos con puertas cerradas,
él se apareció y les dijo,
No teman, soy yo,
La Biblia declara.

Les dijo a los doce,
Lleven el mensaje,
que yo he de alumbrarle,
como hijo del hombre.
Que nadie se asombre,
mis palabras no fallan,
que tengan la esperanza
que los volveré a ver,

según entró se fue,
La Biblia declara.

Años han pasado
desde aquella historia
y aún en mi memoria
lo tengo grabado.
Él dijo predicando
que no se olvidaran,
que un día como en nube blanca,
él iba a volver.
Y ha de suceder,
La Biblia declara.

Corazón Patriótico

¡Qué bello es mi Puerto Rico!

Es bello mi Puerto Rico
y de muchos somos la envidia.
Tenemos una cultura que expresa un sentimiento muy difícil de imitar,
y por mucho otros traten, no la podrán igualar.

Si es algo de celebrar,
la navidad, por ejemplo,
para los puertorriqueños,
es algo muy especial.
Esa música de tierra adentro,
de la montaña,
la cantamos en diciembre,
cuándo sea y dónde sea.
Ningún día es extraño,
donde quiera la formamos,
cualquier día de la semana,
o cualquier día del año.

Si no hay un cuatro,
si no hay una guitarra,
un güiro o unas maracas,
eso no importa.
La formamos como sea.
Una lata de galletas,
y al palito de guayaba
le cortamos dos ganchitos,
y formamos la parranda.
Así cantamos la plena,
un aguinaldo navideño,
o cantamos lo que sea,
lo que importa es que gozemos.

Me dijo un vecino americano,
que nos escuchaba un día,

You Puerto Ricans are crazy,
all you need is an excuse and a bottle of Ron coquito.
y continúo diciendo,
Nothing, nada can hold you back,
my friends from Puerto Rico,
y sin entender ni pio lo que estaba pasando,
vino a compartir con nosotros,
y como disfrutó,
un palo de Ron Pitorro.

Así somos los Boricuas,
donde quiera la formamos,
lo importante es alegrarnos.
Pero hay algo más profundo,
la verdadera razón por lo que somos envidiados.

¡Qué bello es mi Puerto Rico!
Desde el norte al sur,
del este al oeste.
Del oeste ni se diga, con el bello Túnel de Guajataca.
En el este, esa playa de Luquillo.
Bajando para el oeste, la Playa de Vega Baja,
Dorado y Barceloneta, tienen una vista bella.
Toda esa costa del norte, desde San Juan a Isabela.

¡Qué bello es mi Puerto Rico!
Por esa costa del sur, por Guánica entró Colón,
y se quedó admirando,
¡Qué tierra bella!
tan pronto tierra pisara.
Si lo viera hoy día, tal vez mudo se quedaba,
admirando el monumento que tiene vista al mar hermoso,
y con mucho trabajo y respeto, hicieron los arquitectos,
honorando su nombre, por supuesto.

¡Qué bello es mi Puerto Rico!
Bella esa playa de Ponce, si visitamos La Guancha,
nos quedamos boquiabiertos y hasta sin respiración,
admirando esa belleza.

Dios es bueno,
que grandeza regaló al puertorriqueño.
Si seguimos la costa sur,
llegamos hasta Cataño, pueblo pequeño,
pueblo pobre, humilde, y honrado.
Se siente una paz inmensa.
Aire puro, aire fresco, con brisa del mar.
Si lo vas a visitar, vas a quedar asombrado.
Porque con seguridad, te vas a querer quedar,
en el pueblo de Cataño.
Allí con felicidad,
alegre pasan los años

¡Qué bello es mi Puerto Rico!
Vieques y Culebra son, por el Mar Atlántico,
muy felizmente bañados.
La brisa los acaricia,
y todas las mañanas bien temprano,
toda esa costa del este es primero en recibir,
un abrazo y unos *Buenos Días*
de nuestro sol Borincano.
Y cruza todo mi Puerto Rico,
con mucho amor calentando
la isla completa hasta llegar al oeste.
Y le da las *Buenas Noches* a Rincón,
Aguada, Aguadilla, Mayagüez, e Isabela.

¡Qué bello es mi Puerto Rico!
Como te amo, tierra mía.
Pero si bellas son tus costas,
más bello es el centro aún, con tus montañas hermosas.
Me dijo el vecino americano,
El Yunque is the most gorgeous mountain in the island of Puerto Rico,
le contesté,
Te equivocas, si no has visto la cordillera central
en el centro de la isla, es la montaña
más bella que tiene mi Puerto Rico.

Hay que visitar a Lares, Utuado, Adjuntas, y Cayey.
Y si no vas a Jayuya, que es la Ciudad del Tomate,
no has visto nada, vecino Americano.
Con sus lugares de turismo,
Jayuya es mucho más bella que El Guavate.
Hay que visitar La Hacienda Gripina,
el Museo del Indio, y el Museo Blanca Canales,
y las montañas más altas que tiene mi Puerto Rico,
Los Tres Picachos y al lado, Cerro Puntita.
Y todavía eso, no es nada.
Saliendo de la belleza de Jayuya y entrando a Ciales,
está el famoso, Chorro de Doña Juana.
Es impresionante mirar como desde la altura
baja ese chorro de agua,
pura, cristalina, y fresca.
Escucha lo que te digo,
mi vecino Americano.
Si me pongo a mencionar todas las bellezas que tiene mi Puerto Rico,
pasaría el resto de mi vida, contándote,
y no termino.

¡Qué bello es mi Puerto Rico!
Quien lo visita, lo admira tanto,
y por eso lo han bautizado,
la Isla del Encanto.
Yes my American friend, it's gorgeous my Puerto Rico.
y quien lo ha visitado
admirando sus bellezas,
se queda mudo.

Puerto Rico es un regalo de Dios,
no solo para los boricuas,
¡Es un regalo de Dios
para el mundo!

A ti, mi pueblo de Jayuya

Aquí nací y de aquí soy.
Del barrio Arenas,
de Jayuya.
No me crie aquí,
me fui muy niño.
Es muy poco lo que jugué en tus tierras,
muy poco lo que corrí por tus montañas,
no nadé en tus ríos ni tomé agua fresca de tus quebradas,
ni admiré, ni disfruté el hermoso Chorro de Doña Juana.

Aquí nací y de aquí soy.
No me importó la distancia para conocer tu historia,
tu cultura,
tus costumbres,
tu trayectoria.
Que eras llamada *El Pueblo del Tomate*,
que tu nombre era Jayuya.
Que eras un barrio de Utuado,
pero que con duro e incansable trabajo,
te liberaste un día.

Aquí nací y de aquí soy.
Pueblo de una bella historia,
pueblo de gente humilde,
pueblo de gente buena.
Pueblo de la Cordillera Central con nueve de las montañas
más altas de la isla.
Pueblo de admiración,
pueblo sencillo,
eres el corazón de Puerto Rico.

Aquí nací y de aquí soy.
Donde el escudo de mi pueblo es testimonio de mi cultura,
de mi historia social del corazón,
de la fe y la humildad del hombre jíbaro de tierra adentro.

El color rojo de mi escudo,
es la fraternidad que caracteriza un Jayuyano.
La corona del escudo,
representando al cacique Jayuya.

Aquí nací y de aquí soy.
Pueblo de grandes poetas y escritores.
Nemesio R. Canales,
tal vez, el primer escritor de mi pueblo.
Carlos Orama Padilla,
poeta y notable declamador.
Escribió y publicó,
Estampas de Tierra Adentro
y por ese buen trabajo fue otorgado un premio,
por su obra y buen talento.
Luego le siguió Virgilio Dávila,
otro ilustre poeta puertorriqueño.

Aquí nací y de aquí soy.
De la tierra bendecida.
Donde descansa el indio taino,
donde guardamos respeto con amor indispensable,
donde doblamos la rodilla,
al Museo Casa Canales.

Aquí nací y de aquí soy.
De tu historia vivo orgulloso.
Una historia que muy pocos conocen.
A la historia americana,
que es parte de esa historia, no le conviene.
Lograste Jayuya tu independencia en marzo 9, 1911.
Pero no fue legalizada hasta julio 4, 1911.
Ese mismo día, julio 4, 1911,
Estados Unidos cumplía 135 años de independencia.
Cumples año el mismo día que los Estados Unidos, julio 4.
Eres mi Jayuya bella
el único lugar del mundo que puedes celebrar tu independencia
el mismo día que los Estados Unidos.
Aquí nací y de aquí soy.

Mi Jayuya, mi pueblo único.
Mi pueblo lleno de amor y esperanzas.
Mi pueblo que aunque lejos,
está en mi corazón y en mis sentimientos.
Voy a volver a ti,
Jayuya mío,
Jayuya eterno.

A Puerto Rico

Puerto Rico,
isla del encanto.
Tierra con sabor a caña,
quenepa y mango.
Puerto Rico,
pequeño paraíso escondido,
que sufre y calla sus penas.
Puertorriqueño,
el extranjero no sabe
de tus necesidades.
No sabe lo que te obliga abandonar tu sol caliente
para buscar el frio de otras naciones.

El extranjero no sabe
que entre tu rostro,
tras la sonrisa se esconde el llanto,
y que callado sufres las penas
de tu preciosa, Isla del Encanto.

Te ven al salir el sol.
Con un machete y con azada.
Con hollejos amarraos los pantalones
y pies descalzos.
Y en tu cabeza orgullo,
luciendo tu hermosa pava.

Llevas el alma partía y herida
pensando tanto,
porque el viento tan fuerte
tumbó el café y los gandules,
y llovió tanto que las batatas no retollaron.
Que creció el río y se llevó las semillas de los tomates,
y ahora no tienes para vender nada en el mercado,
y a tu familia nada para llevarle.

El extranjero que vive no tiene idea
de lo que ha pasado.
Si la tiene,
cierra los ojos y sigue de largo.

Pero eres puertorriqueño.
Y aún sufriendo y triste llorando,
cuando el vecino se cae enfermo,
tú agarras la hamaca
y corres pal' hospital a llevarlo.
Cuando el compay de otro compay tiene un problema,
a ti se te olvida el tuyo y corres entusiasmado
a brindar ayuda en lo que puedas.

Eres puertorriqueño,
tienes corazón noble,
y con el dedo te han señalado los extranjeros
y han confundido la sencillez
con cobardía.

Eres puertorriqueño,
eres valiente y sonríes tranquilo.
No dejas que nada ni nadie pisotee
tu Puerto Rico.
Porque eres Boricua.
Porque la sangre llama.
Porque secas tus lagrimas con el puño conteniendo ira,
y un *Le Lo Lay* se escucha
en tu garganta.

Verdura con Aguacate

Hoy amanecí con hambre y unos deseos increíbles.
De la cocina salía un olor que reconocí enseguida.
Un olor a bacalao con cebolla, tomate, aceite puro de oliva,
y dos o tres aguacates, bien picaditos en rajitas.

Mi tacita de café colao, hoy no me hizo nadita.
Aquel olor tan inconfundible y rico que salía de la cocina,
me babeaba como bebé cuando le dan su lechecita.

Mientras más me acercaba a la cocina,
más fuerte me daba el hambre.
El ñame, los guineítos, *¡Ayyy Dios mío!*
la calabaza, y la malanga cocida.

Me voy a dar un tremendo banquete,
tan rico era lo que yo pensaba.
Y avanzando a grandes pasos a la cocina me acercaba,
muy cautelosamente,
por saber lo que pasaba.

¡Que sorpresa me llevé!
La cocina estaba sola y nada pasaba.
Entonces escuché a alguien que me llamaba.

Mi amor, mi amor, es hora de levantarte.
Son las diez de la mañana.
Aquí está tu cafecito, lo acabo de colar.
¿Con qué estabas soñando? Que te escuché decir a gritos,
¡Bacalao con guineos sancochaditos!

Mientras mi café tomaba, que tristeza me invadía.
Pensando tanto en la yuca, el guineo, y la yautía.
A mi esposa le conté todo lo que había soñado,
y sonriendo me dijo, *No te preocupes muchacho.*
Avanza y ponte la ropa que vamos para el Mercado.

Compramos bacalao, yuca, malanga y yautía.
El ñame, ¡qué caro estaba!
Pero de todo compramos.
Regresamos a la casa, prendió la estufa,
y a pelar vianda empezamos.
Y mientras se cocinaba,
con un traguito brindamos.
Ella me decía, *Mi amor*
y yo le decía, *Te amo*.
Y entre traguito y traguito,
entre abrazos y besitos,
seguíamos cocinando.

Al fin todo terminó y la mesa preparamos.
Servimos toda la vianda, tenía un olor exquisito.
Rico se veía el bacalao con cebolla y tomate.
¡Ayyy mi amor! dije a mi esposa.
¿Qué te pasa mi amor? ella me dijo.
¡Ayyy Dios, mi amor,
se nos olvidó el aguacate!

En esta Navidad

Mi único deseo en esta Navidad es que seas muy feliz.
Que todo paso que des, sea largo o sea corto,
reine la Paz y alegría, en mucha abundancia.

Que tu más bello sueño lo veas realizado,
como estoy viendo yo el mío y lo estoy disfrutando.
Que encuentres un regalito debajo de tu árbol.
Sea una caja grande o una cajita pequeña,
y que al abrirla, sientas mucha alegría al leer
cuánto y qué mucho eres amado.

Que sueñes con esa persona que tanto amas y que ya no está a tu lado.
Que comprendas que el amor de Dios es infinito y muy grande.
Que si lo llamó a su lado es porque necesitaba un Ángel que lo ayudara.
No lo apartó de ti, lo tiene en forma de una Estrella
para que te cuidara.

En esta Navidad, solo una cosa deseo.
Que terminen esos conflictos entre todas las Naciones.
Que se abracen y se den la mano.
Que muera el odio y desaparezca la envidia.
Que solo podamos ver Amor entre todo ser humano.
Que para hablar mal de otro, mejor nos quedemos mudos.
Que apreciemos la vida y la amistad.
Que cambiemos la palabra *Te Quiero* por la palabra *Te Amo.*
Que comprendamos que Tú, el Otro, y Yo,
todos fuimos creados por el mismo milagro.
Que nos demos un abrazo, un saludo, un apretón de mano.
Que no somos amigos, somos hermanos.
Que estamos en el mismo viaje por este mundo.
En esta Navidad solo una cosa deseo tanto.
Que sea el Espíritu de Dios que nos cubra con su manto.

Para reflexionar: Dichos

Si no te vas a comer la fruta, déjala en el árbol.
Tal vez llegue alguien con hambre y la disfrute.

❈

A veces lo que buscamos, esta ahí, frente a nosotros
y somos tan ciegos que no lo podemos ver.

❈

Cuando amas de verdad, no hay ni existen fronteras
que te prohíban o te impidan llegar donde ese gran amor.

❈

El amor nunca muere, siempre triunfa y siempre perdura.
Si muere, somos nosotros que lo matamos, por no cuidarlo.
Si no triunfa, es porque nos rendimos sin luchar.
Si no perdura, es porque no lo sabemos valorar.

❈

El orgullo es el peor enemigo que podemos tener.
A veces nos falta valor para enfrentarlo,
sin darnos cuenta que podemos ser feliz
si logramos derrotarlo.

❈

A veces nos lanzamos al agua, sin pensar
que su profundidad tiene una fuerza inmensa.

❈

Un amigo no es aquel que te abraza, te da la mano y te felicita
porque peleaste la batalla, aunque perdieras.
El verdadero amigo te da un abrazo y te dice,
Perdimos mi hermano, pero le dimos
una buena pelea hasta lo último.

❈

Hay tres cosas que nos podemos un día arrepentir.
El temor que tuvimos para decir te amo y demostrarlo,
la cobardía que tuvimos para enfrentarnos a los obstáculos,
y el valor que tuvimos para esperar tanto tiempo
para pedir perdón y arrepentirnos.

❈

127

❈

Para que una relación de amor triunfe,
tenemos que pedir perdón
sin importar la profundidad de la herida.
El amor siempre perdona a quien se ama
sin repetir la herida.

❈

Sobre Tony Hernández

TONY HERNÁNDEZ nació en Jayuya, Puerto Rico. De muy niño sus padres se mudaron a la ciudad de Nueva York, donde se crió. Por esa razón no conocía mucho de su tierra natal. Desde niño sintió ansiedad por conocer su patria, su historia y su cultura. Compró libros y revistas en español para aprender a leer y escribir el idioma. Compró un libro con toda la historia de los pueblos de Puerto Rico. Hasta el día de hoy todavía lo conserva y lo estudia.

Siempre mantuvo una inquietud por conocer la música. Estudió canto y arte dramático en la escuela *International Television Arts* en Nueva York, llegando a presentarse en varios teatros, tal como *El Teatro Puerto Rico, Prospect y San Juan*. Compartió el escenario junto a figuras como Ramito, Luisito, Daniel Santos, Felipe Rodríguez y otros. Aunque hoy en día todavía hace algunas presentaciones, lo hace por amor al arte y más cuando se trata de levantar fondos para niños enfermos o personas envejecientes. Lo hace totalmente gratis. Aunque ama la música de todas partes del mundo, su mayor ambición fue escribir.

Tuvo la oportunidad de llevar a escena dos de sus cuatro obras. Pero su mayor inquietud siempre ha sido escribirle al amor por medio de la poesía, como ahora en su primer libro, *Así es el Amor*. Tony Hernández ha sido otorgado reconocimientos por su ayuda y devoción al servicio de los menos afortunados. Por su devoción y estudios ha obtenido dos grados de maestría en las áreas de leyes y sociología.

Espero les guste y disfruten leer, *Así es el Amor*.

Tony Hernández

www.ingramcontent.com/pod-product-compliance
Lightning Source LLC
Chambersburg PA
CBHW031700040426
42452CB00027B/276